KB195712

퇴사혁명

퇴사혁명

퇴사준비생들을 위한 퇴사학개론

조관일 지음

Revolution of
Resignation

퇴사라는 이름의 혁명을 기대하며

삶의 여정에는 수많은 전환점이 존재한다. 첫 직장에 들어서는 입사의 순간부터 크고 작은 변화의 순간들이 존재한다. 그 변화의 순간 중에는 '퇴사'라는 것이 있다. 퇴사는 단연코 중요한 전환점 중의 하나일 것이다.

퇴사는 단순히 일터를 떠나는 것이 아니다. 그것은 평생 쌓아온 경력과 노력이 막을 내리고 새로운 막이 오르는 순간이다. 우리는 이 중요한 순간을 위해 무엇을 준비하고 어떻게 마음가짐을 가져야 할까? 퇴사라는 혁명적 순간에 어떻게 대응해야 할까? 아니, 어떻게 하여 퇴사를 '삶의 혁명'으로 만들 수 있을까?

혁명은 기존의 질서를 뒤엎고 새로운 질서를 세우는 급진적인 변화를 의미한다. 퇴사는 바로 그러한 혁명이다. 그것은 단순히 직장을 떠나는 것이 아니라 지금까지 삶의 방식을 근본적으로 바꾸고 새로운 삶의 질서를 세우는 과정이다.

우리는 직장생활을 하는 동안 일정한 틀 안에서 일하며 살아왔다. 그 틀 안에서 안전함과 익숙함이 우리의 일상이 됐지만 퇴사는 그 틀을 벗어나 더 넓은 세상으로 나아가는 기회를 제공한다. 퇴사라는 혁명을 통해 새로운 가능성과 기회를 마주하게 된다. 자신이 진정으로 원하는 것을 찾아가고 열정을 쏟을 수 있는 새로운 일을 시작할 기회이다. 이러한 변화는 두렵기도 하지만 동시에 매우 흥미롭고 도전적인 순간이기도 하다. 이렇듯 퇴사는 우리의 인생에서 새로운 막을 여는 중요한 시작점이자 새로운 혁명의 시작이다.

이 책은 퇴사와 관련된 모든 것을 다룬다. 퇴사 전에 무엇을 어떻게 준비해야 하는지에서부터 그 과정에서 무엇을 해야 하는지를 다룬다. 그리고 그 이후에 새로운 목표를 설정하기까지 다양한 측면에서 깊이 있는 조언과 실질적인 팁을 제공할 것이다. 이를 통해 여러분이 자신의 길을 찾는 데 도움을 드리고자 한다.

직장인의 90% 이상이 퇴사를 생각한다

오늘날을 가리켜 '대퇴사의 시대'라고 한다. 자발적이든 비자발적이든 퇴사의 흐름에 직면하고 있기 때문이다. 한편에서는 회사생활이 싫어서 퇴사를 선택한다. 또 다른 한편에서는 대규모 해고를 통해 퇴사를 선택할 수밖에 없다. 이래저래 퇴사가 대세이자 현실적인 과제다.

얼마 전 '회사 밖은 지옥, 후배 리더 아래서 버티는 엘더'라는 제목의 기사*가 떴다. 50대가 돼도 임원이나 팀장으로 승진하지 못한 만년 차장급을 임원이나 팀장을 뜻하는 '리더leader'에 빗대어 '엘더elder'라고 부른다. 그런데 요즘 그런 엘더가 많다는 것이다. 즉 대퇴사의 시대라고 하지만 한편에서는 어떻게 해서든 회사에 둥지를 틀고 꿈쩍 않고 정년까지 버티는 분위기이다.

예전 같으면 후배가 앞지른 상황에 분노해서라도 사표를 던질 텐데 그러질 못한다는 것이다. 왜 그럴까? 현재 60대가 된 1차 베이비붐 세대(1955~1963년생)가 50대 시절에 과감히 퇴사하고 밖으로 뛰쳐나간 것과 달리 지금 50대인 2차 베이비붐 세대(1964~1974년생)는 회사 밖에서 지옥을 맛본 선배들의 '학습 효과'를 교훈 삼아 어린 상급자 밑에서 직장생활을 이어간다는 것이다. 그러면서도 마음 한쪽에 언제나 '퇴사'를 염원(?)하고 있다는 사실이 문제다. 조사된 바에 의하면 직장인의 90% 이상이 퇴사를 생각하고 있다니까 말이다.

자, 상황이 이렇다면 과연 우리는 어떻게 처신해야 할까? 어떤 자세로 직장생활을 해야 할까? 무엇보다도 우선 퇴사에 대하여 확고한 기준과 신념을 갖고 일해야 한다. 즉 퇴사도 공부가 필요하다는 말이다. 그래서 이 책을 쓰기로 했다.

퇴사는 삶의 전환점이며 일종의 혁명이다

퇴사란 단순히 직장을 그만두는 행위에 그치지 않는다. 그것은

---

* 조선일보, 2024. 7. 8.

우리 삶의 중요한 전환점이며 일종의 혁명이다. 혁명이라 하면 흔히 정치적 대변혁이나 사회적 대변혁을 떠올리기 쉽지만 퇴사 또한 개인의 삶에서 그에 상응하는 거대한 변화를 의미한다. 이제껏 걸어온 길을 멈추고 새로운 길을 찾아 나서는 과정, 안정적이고 익숙한 생활을 떠나 미지의 세계로 도약하는 용기, 그리고 이 모든 과정에서 오는 혼란과 두려움을 이겨내야 한다. 그런 점에서 퇴사는 진정한 혁명이라 할 수 있다.

퇴사를 맞이하는 순간 우리는 마치 새로운 세상에 첫발을 내딛는 혁명가와 같다. 혁명가들은 기존의 질서와 체제를 뒤흔들며 새로운 시대를 꿈꾼다. 이와 마찬가지로 안정적이지만 때로는 지루하고 때로는 억압적인 직장생활을 벗어나 새로운 도전과 기회를 찾아 나선다. 이러한 결단은 결코 쉬운 일이 아니며 많은 용기와 지혜가 있어야 한다. 이 혁명적 결단이야말로 우리의 삶을 근본적으로 변화시키고 진정한 자기 발견의 여정을 시작하게 한다.

퇴사를 맞이하는 방법은 각기 다를 수 있다. 정년퇴직을 맞이한 사람들에게 퇴사는 평생의 노고에 대한 보상이자 새로운 시작의 기회일 수 있다. 반면 자발적인 조기퇴사를 선택한 사람들에게 퇴사는 더 이상 현 직장에서 자신이 추구하는 가치를 찾을 수 없다는 인식에서 비롯된 도전의 출발점이다. 어떤 이유에서든 우리의 일상을 뒤흔들며 새로운 삶의 방향을 제시한다.

또한 퇴사 이후의 삶도 매우 중요하다. 혁명 이후의 세상이 진정한 변화를 맞이하기 위해서는 새로운 질서와 체제가 필요하듯이 퇴사 이후의 삶 또한 철저한 준비와 계획이 필요하다. 우리는 퇴사 이후의 삶을 어떻게 설계하고 어떤 목표를 설정할 것인지에 대해 깊이 고민해야 한다. 이는 단순히 직장을 떠나는 것이 아니라 새로운 꿈과 목표를 향해 나아가는 과정이기 때문이다.

새로운 시작과 혁명에 방점을 둔다

이 책은 이처럼 퇴사가 주는 의미에서부터 퇴사를 맞는 방법, 준비, 그리고 퇴사 이후의 계획까지 퇴사에 대한 모든 것을 다룬다.

정년퇴직이든 자발적인 조기퇴사든 퇴사라는 순간은 누구에게나 다가온다. 그런데 많은 사람이 퇴사를 앞두고 불안감과 두려움을 느낀다. 안정적인 수입원이 사라진다는 사실과 새로운 환경에서 적응에 대한 걱정 때문이다. 그러나 이러한 불안감을 극복하고 퇴사를 혁명의 순간으로 만들기 위해서는 철저한 준비와 긍정적인 마인드셋이 필요하다.

새로운 일을 찾아 떠나는 이직은 자기혁명의 한 방식이다. 일에 매여 진저리를 치거나 한숨이나 내뱉고 산다면 이보다 더 딱한 처지는 없다. 아무리 연봉이 높아도 삶이 따분하고 업무에서 보람을 느끼지 못한다면 그것은 인생을 헛되이 소비하는 것에 지나지 않는다. 그 관습의 껍데기를 깨고 나오는 게 자기혁명이다.

이제 퇴사혁명의 길로 들어서보자. 퇴직이나 퇴사라는 단어가 주는 느낌과 이미지는 불안, 걱정, 마지막, 물러남, 사라짐, 아쉬움, 해방, 성취, 마무리 등이 있다. 하지만 '새로운 시작'이라는 느낌도

든다. 이 책은 마지막 느낌인 새로운 시작과 혁명에 방점을 두고 집필했다. 이 책을 통하여 직장생활에 새로운 전기를 맞게 되기를 바란다. 그리하여 '퇴사혁명'이 직장에서 올바르게 일하는 '재직혁명'으로 이어지고 더 나아가 퇴사 이후의 보람찬 날들을 기약하는 계기가 되기를 바란다.

2025년 1월

조관일

차례

5장
회사 인간이 아닌 프리워커가 돼 살자 • 177

1장
—
누구나 회사 세계를 떠나
독립생활자가 된다

1
대퇴사의 시대에 회사는 인생의 전부가 아니다

| 코로나19와 기타 요인으로 대퇴사의 시대가 왔다

최근 몇 년간 전 세계적으로 '대퇴사의 시대The Great Resignation'라는 현상이 사회적으로 경제적으로 큰 영향을 미치고 있다. 코로나19 이후 특히 두드러진 것인데 많은 사람이 직장을 그만두거나 새로운 경력을 추구하고 있는 현상을 말한다.

대퇴사의 시대는 여러 가지 복합적인 요인에 의해 발생했다. 무엇보다도 코로나19 동안 재택근무를 경험한 많은 직장인들이 일과 삶의 균형을 재평가하게 된 것이다. 이에 따라 유연한 근무 조건을 제공하지 않는 회사들을 떠나려는 경향이 생겨났다. 아울러 불안정한 경제 상황과 직장 내 불만족스러운 조건들로 인해 직원들이 더 나은 보상을 추구하며 이직을 결심하는 경우가 많아졌다. 또한 개인의 성장과 발전을 중시하는 문화가 확산했다. 이에 따라 많은 사람이 자신의 열정과 일치하는 경로를 찾기 위해 기존의 경력을 버리고 새로운 분야로 눈을 돌림으로써 퇴사를 결행하는 것이다.

대퇴사의 시대의 주요 특징은 높은 이직률과 함께 직장 내 요구 사항의 변화이다. 직원들은 이제 단순히 급여의 많고 적음을 따질 뿐만 아니라 일의 의미, 워라밸, 직장 문화, 그리고 개인의 삶에 대한 질을 중요시하게 됐다. 이에 따라 많은 기업은 유연한 근무시간, 원격 근무 옵션, 건강과 복지를 위한 프로그램 등을 도입하여 직원의 만족도를 높이기 위해 노력하고 있다.

이러한 대규모 이직의 움직임은 직장 문화에도 큰 변화를 가져왔다. 기업들은 인재를 유치하고 유지하기 위해 직장 환경을 개선하려는 시도를 강화하고 있다. 또한 다양성과 포용성을 강조하는 경향이 증가하고 있으며 직원들의 건강과 복지를 우선시하는 정책을 펼치고 있다.

대퇴사의 시대는 단순히 많은 사람이 직장을 그만두는 현상을 넘어서 직장과 직원들의 관계, 일하는 방식, 그리고 기업 문화에 대한 근본적인 재고를 요구하고 있다. 이는 앞으로도 계속해서 직장 환경의 진화를 촉진할 것으로 보인다. 이러한 시대적 변화에 발맞춰 개인과 기업 모두가 적응하는 방식을 모색하는 것이 중요하다.

| 대퇴사의 시대의 전략을 돌아보고 모색해야 한다

　그러면 대퇴사의 시대에 직장인들은 어떻게 처신하며 대처해야 할까? 무작정 덩달아 사표를 던지면 되는 것은 아니다. 대처 방법은 개인의 경력목표와 생활조건에 따라 달라질 수 있지만 몇 가지 중요한 전략을 통해 이러한 변화하는 시장 환경에서 자신의 위치를 강화하고 경력을 성공적으로 관리해야 한다.

　첫째, 경력목표의 재정립이다. 직장인들은 자신의 경력목표를 명확히 하고 장기적인 비전을 개발하는 것이 중요하다. 이는 자신이 어떤 직업을 원하는지, 어떤 업종에서 일하고 싶은지, 그리고 어떤 기술이나 역량을 개발해야 할지를 결정하는 데 도움을 준다. 자기 자신의 강점과 약점을 이해하고 그 바탕으로 발전 가능성이 높은 분야를 선택해야 한다.

　둘째, 유연성과 적응성의 강화이다. 대퇴사의 시대는 끊임없이 변화하는 시장 조건과 기술 발전을 반영한다. 직장인들은 유연성을 갖고 다양한 업무 환경에서 효과적으로 작업할 수 있도록 자신을 준비해야 한다. 새로운 기술 습득, 다양한 직무경험, 그리고 원격근무와 같은 새로운 근무형태에 적응하는 것이 포함된다.

　셋째, 네트워킹과 관계 구축이다. 강력한 전문적 네트워크는 경력 성장에 필수적이다. 직장인들은 동료, 상사, 업계 전문가와의 관계를 적극적으로 구축하고 유지해야 한다. 이를 통해 새로운 기회를 발견하고 경력 발전에 도움이 될 수 있는 조언과 지원을 얻을 수 있다.

넷째, 개인의 복리후생 중시이다. 직장인으로서 자신의 건강과 웰빙을 우선시하는 것이 중요하다. 근로 조건, 업무와 생활의 균형, 정신 건강 지원 등에 대해 고용주와 능동적으로 소통해야 한다. 이는 장기적으로 직업 만족도와 생산성을 높이는 데 이바지한다.

다섯째, 지속적인 학습과 개발이다. 기술 발전과 업계 변화에 대응하기 위해 직장인들은 평생 학습의 자세를 가져야 한다. 온라인 코스, 워크숍, 세미나 등을 통해 최신 기술, 업계 동향, 관리 기술 등을 지속해서 배우고 업데이트해야 한다.

여섯째, 금융 관리에 주의해야 한다. 경제적 불안정성이 증가하는 시대이자 언제 퇴사하게 될지 모르는 시대에는 개인의 금융 관리가 매우 중요해진다. 비상금을 마련하고 투자와 저축계획을 신중하게 관리하여 경제적으로 안정감을 유지하는 것이 필요하다.

이렇듯 대퇴사의 시대에 직장인들이 모색해야 할 방향과 전략은 다양하다. 인터넷에 대퇴사의 시대를 검색해보면 어떻게 하면 직장인들이 퇴사하지 않을 것인지 회사가 조치해야 할 일들이 많이 나열됨을 알 수 있다. 그러나 회사뿐만 아니라 이런 시대를 살아가는 직장인으로서 대처해야 할 것들도 많다는 것을 인식하고 철저히 대비해야 한다. 대퇴사의 시대에 당신은 어떤 준비가 되어 있는가? 어떤 전략으로 대응하고 있는지 돌아봐야 할 것이다.

│ 불황과 구조조정으로 인해 해고의 시대가 도래했다

코로나19로 인해 야기된 대퇴사의 시대에 어떻게 대처할 것인지에 대하여 살펴봤다. 그러나 한편에서는 요즘이 '비자발적' 대퇴사의 시대라고 말한다. 경제 불황과 기업들의 구조조정이 잇따르면서 자발적 대퇴사가 아닌 비자발적(타발적) 대퇴사, 즉 '대해고의 시대The Great layoff'가 도래했다는 것이다. 코로나19 시기에 직원들이 워라밸(일과 삶의 균형)과 고임금 일자리를 찾아 자발적으로 사표를 냈던 반면 지금은 정반대로 회사가 나서서 해고 통보를 하고 있다.

미국 테크 업계 고용상황을 집계하는 레이오프스layoffs에 따르면 2024년 1월 한 달간 테크 기업 103곳에서 2만 8,963명이 일자리를 잃었다. 2023년에 정리해고를 당한 인원은 26만 명에 달한다. 이를 두고 미국 공영매체 NPR은 "실리콘밸리는 2000년대 초 닷컴 버블 붕괴 후 최악의 상황"이라고 평했다. 그러나 이는 미국만의 상황이 아니다. 우리도 자칫하면 그런 바람에 휘말릴 수가 있다. 대해고의 시대 중심엔 인공지능AI이 있기 때문이다. 이러한 시대에 직장인으로서 어떻게 대처해야 할까?

│ 비자발적 대해고에 다양한 방법으로 대응하자

먼저 자기계발과 학습의 중요성을 강조하고 싶다. 경제 상황이 악화할수록 기업들은 비용 절감을 위해 구조조정을 단행할 가능성이 높다. 이때 가장 먼저 희생되는 것은 일반적으로 기능이 제한적이거나 업무 능력이 낮은 인력이다. 따라서 자신의 가치를 높이기 위해 지속해서 새로운 기술과 지식을 습득해야 한다. 온라인 강의나 세미나에 참여하거나 자격증을 취득하는 등 자기계발에 투자하는 것이 중요하다. 이렇게 하면 회사 내에서 자신의 경쟁력을 유지할 수 있을 뿐만 아니라 불가피하게 해고당하더라도 다른 기회를 찾는 데 큰 도움이 된다. 예를 들어 정보통신기술ICT, 데이터 분석, 인공지능과 관련된 분야는 여전히 수요가 높아서 이러한 기술을 습득하면 취업 시장에서 경쟁력을 확보할 수 있다.

둘째, 자기계발과 학습의 중요성 외에 네트워킹의 중요성도 무시할 수 없다. 평소에 직장 내외의 사람들과 좋은 관계를 유지하고 새로운 인맥을 구축하는 것이 필요하다. 네트워킹은 단순히 친목을 도모하는 것을 넘어서 직업 기회를 탐색하고 정보와 조언을 얻는 데 큰 도움이 된다. 같은 업계의 전문가들과의 모임이나 관련 커뮤니티에 적극적으로 참여해보라. 이러한 활동은 직업 안정성을 높이는 데 매우 유효하다. 누군가에게는 작은 정보나 조언이 큰 기회로 이어질 수 있기 때문이다. 또한 소셜 미디어를 활용하여 전문가들과의 네트워킹을 강화하고 관련 업계의 최신 동향을 파악하는 것도 도움이 된다.

셋째, 재정적인 준비도 필수다. 경제 불황이 지속되면 언제든지 직장을 잃을 가능성이 있다. 따라서 예기치 못한 상황에 대비해 비상자금을 마련해두는 것이 좋다. 비상자금을 마련해두면 갑작스러운 해고로 인한 충격을 완화할 수 있음은 물론이다. 또한 지출을 줄이고 예산을 철저히 관리하여 재정적 안정성을 높여야 한다. 예를 들어 불필요한 구독 서비스를 취소하거나 외식 횟수를 줄이고 과시성 해외여행을 삼가는 등의 작은 실천이 모여 큰 재정적 안정성을 가져올 수 있다. 투자 포트폴리오를 다양화하여 경제 상황에 따른 위험을 분산시키는 것도 고려할 만하다.

넷째, 긍정적인 마인드를 유지하는 것이다. 비자발적 대퇴사에 휩쓸리게 되면 심리적으로 큰 타격을 받을 수 있다. 그러나 이럴 때일수록 긍정적인 태도를 유지하고 상황을 극복하려는 의지가 필요하다. 해고를 개인적인 실패로 받아들이기보다는 새로운 기회를 찾을 수 있는 계기로 여길 필요가 있다. 긍정적인 마인드는 새로운 도전을 시도하고 성공할 힘을 준다. 자기 자신을 믿고 앞으로 나아가는 것이 중요하다. 또한 가족이나 친구들과 시간을 보내며 정서적 지지를 받는 것도 긍정적인 마음을 유지하는 데 도움이 된다.

다섯째, 커리어 전환을 고려하는 것도 한 방법이다. 비자발적 대퇴사의 시대에는 특정 산업이나 직무에서의 일자리 수요가 급격히 줄어들 수 있다. 이럴 때는 자기 경력과 능력을 바탕으로 새로운 분야로 전환을 고려해볼 수 있다. 예를 들어 정보통신기술, 인공지능 기술, 헬스케어 등 지속해서 성장하는 분야에 관심을 가지는 것도 좋다. 커리어 전환은 어렵지만 장기적으로 안정적인 직업을 찾는 데 도움이 될 수 있다. 이를 위해서는 관련 분야의 교육과정을 이수하거나 인턴십을 통해 실무 경험을 쌓는 것이 중요하다. 또한 전환하고자 하는 분야의 전문가들과 상담을 통해 현실적인 조언을 얻는 것도 유용하다.

마지막으로 프리랜서나 창업을 고려하는 것도 하나의 방법이다. 전통적인 고용 형태에 얽매이지 않고 자신만의 길을 개척하는 것은 도전적이지만 큰 보상을 가져올 수 있다. 프리랜서로서의 활동은 자기 기술과 경험을 활용하여 다양한 프로젝트를 수행할 기회를 제공한다. 예를 들어 그래픽 디자인, 콘텐츠 작성, 프로그래밍 등 다양한 분야에서 프리랜서로 활동할 수 있다. 창업을 고려하는 경우 시장조사를 철저히 하고 사업계획을 세우며 초기 자금을 마련하는 것이 중요하다. 이를 위해 창업 관련 세미나나 워크숍에 참여하여 지식과 정보를 얻는 것도 도움이 된다.

결론적으로 평소에 비자발적 대퇴사 또는 대해고의 시대에 대비하는 것은 지속적 성장을 위한 직장인의 지혜다. 자기계발과 학습을 통해 자신의 가치를 높이고, 네트워킹을 통해 새로운 기회를 탐색하고, 재정적 준비를 통해 안정성을 높이고, 긍정적인 마인드를 유지하고, 필요시에는 커리어 전환을 고려하고, 프리랜서나 창업을 통해 새로운 길을 모색하는 것 등이 필요하다. 물론 정신적 건강과 육체적 건강을 유지하는 것도 잊지 말아야 한다. 이러한 준비와 노력이 있다면 당신은 '대해고'라는 우울한 전망 속에서도 더 나은 미래를 만들어갈 수 있을 것이다.

2
퇴사는 새로운 삶의 질서를 세우는 혁명이다

퇴사는 혁명이다. 혁명은 기존의 질서를 뒤엎고 새로운 질서를 세우는 급진적인 변화를 의미한다. 퇴사는 바로 그러한 혁명이다. 정년을 맞은 퇴사든 자발적 또는 비자발적 조기퇴사든 간에 그것은 단순히 어느 한 직장을 떠나는 것이 아니라 새로운 직장과 새로운 세계로 진입하는 급진적인 변화를 의미한다.

또한 퇴사는 지금까지의 삶의 방식과 일하던 방식을 근본적으로 바꾸고 새로운 삶의 질서를 세울 수 있는 혁명적 기회를 맞는 것이기도 하다. 우리는 퇴사라는 혁명을 통해 새로운 가능성과 기회를 마주하게 된다. 때로는 자신이 진정으로 원하는 것을 찾아가고 열정을 쏟을 수 있는 새로운 일을 시작할 기회이기도 하다. 이러한 변화는 두렵기도 하지만 동시에 매우 흥미롭고 도전적인 순간이기도 하다. 이렇듯이 퇴사는 우리의 인생에서 새로운 막을 여는 중요한 시작점이자 새로운 혁명의 시작이다.

퇴사가 왜 혁명인지를 이해하기 위해서는 퇴사가 개인의 삶과 인생 전반에 미치는 영향을 깊이 생각해봐야 한다. 퇴사는 단순히 한 직장을 그만두는 행위를 넘어 여러 측면에서 개인에게 극적인 변화를 불러오는 과정이다.

| 정년퇴직은 일상의 구조와 패턴을 완전히 바꾼다

먼저 정년에 즈음한 퇴사부터 살펴보자. 정년퇴직은 개인의 정체성 변화를 초래한다. 직업은 우리가 누구인지 정의하는 중요한 요소 중 하나이다. 많은 사람은 자신의 직업을 통해 사회적 역할과 정체성을 형성한다. 그러나 정년퇴직은 이러한 정체성에 근본적인 변화를 불러온다. 직장을 떠나고 또 새로운 직장에 들어가거나 은퇴하면서 새로운 역할을 찾고 새로운 방식으로 자신을 정의하게 된다. 이는 마치 이전의 자신을 버리고 새로운 자신을 창조하는 과정과 같다. 이 과정에서 우리는 스스로에 대한 깊은 성찰과 탐구를 통해 진정한 자신을 발견하게 된다.

정년퇴직은 일상의 구조와 패턴을 완전히 바꾼다는 측면에서 혁명적이다. 직장생활은 규칙적이고 반복적인 일상에서 안정감을 준다. 매일 정해진 시간에 출근하고 정해진 업무를 수행하며 퇴근 후에는 여가 시간을 보내는 구조 속에서 생활한다. 그러나 정년퇴직은 이러한 일상을 근본적으로 뒤흔든다. 더 이상 정해진 시간표에 얽매이지 않으며 새로운 방식으로 시간을 관리하고 활용해야 된다. 이는 우리의 삶을 재구성하고 새로운 일상을 만들어가는 과정을 의미한다.

다음으로 정년퇴직은 인간관계의 변화를 불러온다. 직장 내에서 형성된 인간관계는 우리의 사회적 네트워크의 중요한 부분을 차지한다. 우리의 일상에서 동료, 상사, 부하 직원과의 관계는 큰 비중을 차지하며 정서적 지지망 역할을 한다. 그러나 정년퇴직은 이러한 관계가 자연스럽게 변화하거나 사라질 수 있다. 대신 우리는 새로운 인간관계를 형성하고 새로운 사회적 네트워크를 구축하게 된다. 이는 우리의 사회적 지평을 넓히고 더 다양하고 풍부한 인간관계를 만들어가는 기회가 될 수도 있다. 물론 그 반대의 경우도 있지만 말이다.

또한 정년퇴직은 경제적 측면에서의 큰 변화를 불러온다. 직장생활을 통해 그동안 일정한 수입을 얻고 이를 바탕으로 생활을 유지해왔다. 그러나 정년퇴직은 이러한 경제적 안정성을 흔들 수 있다. 우리는 새로운 수입원을 찾거나 경제적 계획을 재조정해야 한다. 이는 우리의 재정적 관리 능력을 시험하며 새로운 방식으로 경제적 안정을 찾는 도전의 과제가 된다. 하지만 이러한 도전은 한편으로는 더 창의적이고 독립적으로 경제적 문제를 해결할 수 있는 능력을 키우는 계기가 될 수도 있다.

끝으로 정년퇴직은 우리의 가치관과 목표를 재정립하게 만든다는 측면에서도 하나의 혁명이다. 직장생활을 하면서 우리는 종종 조직의 목표와 가치에 맞추어 살아가게 된다. 그러나 정년퇴직을 통해 우리는 자신의 가치관과 목표를 다시 생각하고 재정립할 기회를 얻게 된다. 이는 우리의 삶의 방향성을 새롭게 설정하는 중요한 과정이다. 우리는 무엇이 진정으로 중요한지, 무엇을 위해 살아가야 하는지를 깊이 고민하고 이를 바탕으로 새로운 목표를 세우게 된다.

| 자발적 조기퇴사는 삶을 새롭게 설계하는 행위다

다음은 자발적 조기퇴사의 경우다. 자발적 조기퇴사는 일반적인 정년퇴직보다 더욱 혁명적인 측면이 많다. 이는 개인이 사회적 관습과 기대를 거스르고 자신의 삶을 새롭게 설계하는 행위이기 때문이다.

무엇보다도 자발적 조기퇴사는 자신을 위한 결단이다. 일반적으로 우리는 안정된 직장을 오래 유지하는 것을 성공의 척도로 여긴다. 그러나 자발적 조기퇴사와 이직은 이러한 사회적 통념을 거스르는 용기 있는 결단이다. 이는 개인이 자기 행복과 만족을 위해 안전지대를 벗어나 새로운 길을 선택하는 것을 의미한다. 이 결단은 외부의 기대와 압력을 이겨내고 진정한 자아를 찾기 위한 첫걸음이므로 매우 혁명적이다.

또한 자발적 조기퇴사를 통해 새로운 직장으로 이직은 개인의 성장과 발전을 위한 혁명적 기회가 된다. 기존의 직장에서 쌓아온 경험과 지식에 안주하지 않고 새로운 환경에서 새로운 기술과 지식을 습득하는 과정은 개인의 역량을 크게 향상한다. 이는 개인의 커리어를 한 단계 도약시키는 혁명적인 변화다.

아울러 자발적 조기퇴사는 개인의 정체성을 재정립하는 계기가 된다. 직업은 많은 사람에게 정체성의 중요한 부분을 차지한다. 특정 직장에서의 역할은 우리의 자아 이미지와 사회적 위치를 형성하는 데 큰 영향을 미친다. 하지만 자발적 조기퇴사와 새로운 직업으로 진입을 통해 이러한 정체성을 벗어던지고 새로운 자아를 탐구하게 된다. 이는 마치 껍질을 벗고 새로운 모습으로 다시 태어나는 과정과 같다. 이 과정에서 진정한 자기 모습을 보고 더 나은 정체성을 형성할 수 있다.

이뿐만 아니라 자발적 조기퇴사는 새로운 기회와 도전을 의미한다. 직장생활을 계속하는 동안 우리는 익숙한 업무와 환경 속에서 안정을 찾을 수 있다. 그러나 자발적 조기퇴사는 이러한 안정에서 벗어나 새로운 기회와 도전을 찾아 나서는 것이다. 이는 우리가 새로운 기술을 배우고, 새로운 분야에 도전하고, 더 넓은 세상과 접촉할 기회를 제공한다. 이 과정에서 우리는 더 창의적이고 더 능동적으로 성장할 수 있다.

새로운 직장으로 이직은 새로운 인간관계를 형성하는 계기가 된다는 측면에서도 혁명적이라 할 만하다. 이는 직장 내에서의 사회적 네트워크를 재구성하고 더 다양한 사람들과의 교류를 통해 새로운 인사이트와 아이디어를 얻을 기회를 제공한다. 이러한 변화는 개인의 사회적 지평을 넓히고 더 풍부한 인간관계를 만들어가는 혁명적인 과정이다.

자발적 조기퇴사는 개인의 행복과 만족을 추구하는 행위라는 측면에서도 의미가 크다. 많은 사람이 직장에서의 스트레스와 불만족을 참고 견디며 살아간다. 하지만 자발적 조기퇴사는 이러한 상황에서 벗어나 진정으로 자신이 원하는 것을 찾아가는 과정이라할 수 있다. 이는 자기 행복과 만족을 최우선으로 생각하고 이를위해 필요한 변화를 주저하지 않는 것이다. 이에 따라 우리는 더만족스럽고 의미 있는 삶을 살아갈 수 있게 된다.

마지막으로 자발적 조기퇴사는 사회적 기대와 관습을 넘어서는행위가 될 수 있다. 우리는 종종 사회가 정한 기준과 기대에 따라살아간다. 그러나 자발적 조기퇴사는 이러한 사회적 기대를 넘어자신의 가치관과 목표에 따라 살아가는 것이다. 이는 사회의 틀에서 벗어나 진정한 자신을 찾고자 하는 혁명적인 행위다.

이처럼 정년퇴직이든 자발적인 조기퇴사든 간에 퇴사는 개인의삶에 있어 혁명적인 변화를 불러오는 중요한 전환점이 된다. 이는정체성의 재발견, 일상의 재구성, 인간관계의 재정립, 새로운 기회와 도전, 그리고 가치관과 목표의 재정립을 통해 우리의 삶을 근본적으로 변화시킨다. 이러한 과정은 우리에게 큰 도전이지만 동시에 더 나은 자신을 만들어가는 기회이기도 하다. 퇴사를 통해 우리는 더 자유롭고 더 의미 있는 삶을 살아갈 가능성을 발견하게 된다. 이러한 이유로 퇴사는 단순한 퇴직이나 새로운 직장으로 이동이 아닌 진정한 혁명이다.

3
퇴사는 인생이란 책의 새로운 장의 시작이다

퇴직을 앞둔 많은 사람은 종종 깊은 회한에 빠지게 된다. 특히 정년퇴직을 앞둔 직장인들이 그렇다. 젊은 시절부터 지금까지 일궈온 커리어의 끝자락에 서 있는 자신을 돌아보면서 느끼는 감정은 복잡하고 때로는 무겁다. 이제껏 쌓아온 경험, 지식, 그리고 성취들이 더 이상 필요하지 않게 될 것이라는 두려움이 엄습해올 수 있다.

정년은 인생의 종착역에 도달한 것 같은 느낌이 들게 한다. 오랜 세월 일해온 직장을 떠난다는 것은 더 이상 생산적인 역할을 하지 못한다는 생각을 불러일으키며 심지어 자신이 쓸모없어졌다는 감정에 휩싸일 수도 있다. 그러나 이러한 생각은 멀리 날려버리고 오히려 퇴직을 새로운 시작을 알리는 신호로 받아들여야 한다. 이제야말로 자신이 진정으로 추구하는 새로운 세상을 만들 기회로 여기고 인생의 또 다른 장을 열어야 한다.

퇴직은 단순한 끝이 아니라 새로운 시작이다. 이것을 제대로 이해하고 받아들이기 위해서는 혁명적인 발상의 전환이 필요하다. 이 전환을 통해 퇴직을 새로운 시각에서 바라보면 더 이상 '일의 끝'이 아니라 '삶의 새로운 장'으로 재정의될 수 있다.

| 퇴직을 새로운 모험의 출발점이라고 생각하자

퇴직을 새로운 모험의 출발점으로 보는 첫 번째 단계는 자기 자신을 재발견하는 것이다. 지금까지의 삶이 생존과 성공을 위한 투쟁이었다면 퇴직 후의 삶은 자유와 자아실현의 시기로 바뀔 수 있다. 우리는 종종 직장에서의 역할과 성취로 자신을 정의하고 이러한 정의가 사라질 때 방향을 잃는 경우가 많다. 이제는 그 일의 역할이 줄어들면서 자신이 진정으로 누구인지 무엇을 원하고 무엇을 즐기는지에 대해 깊이 생각해볼 필요가 있다. 이를 통해 새로운 목표와 열정을 발견할 수 있을 것이다.

퇴직 후의 삶은 단순히 여유롭고 편안한 나날을 보내는 것에 그치지 않는다. 오랜 시간 동안의 업무에서 벗어나 비로소 자신의 열정과 관심사를 탐구할 수 있는 자유를 얻게 되는 것이다. 직장생활 동안 미뤄두었던 꿈을 이루기 위해 노력할 수 있는 시기가 바로 퇴직 이후의 시간이다. 이러한 혁명적인 발상 전환은 퇴직 후의 삶을 풍요롭고 의미 있게 만들 수 있다.

퇴직 후에는 무엇보다도 자신이 진정으로 원하는 것을 탐구할 기회가 주어진다. 예를 들어 평생 하고 싶었던 취미 활동을 시작하거나 새로운 기술을 배우고 자격증을 취득하는 등의 자기계발에 시간을 투자할 수 있다. 이러한 활동은 단순한 취미를 넘어서 새로운 직업이나 사업 기회로 이어질 수도 있다. 요리에 관심이 있는 사람이라면 요리 강좌를 열어 다른 사람들에게 자신의 지식을 공유할 수 있으며, 글쓰기를 좋아하는 사람이라면 자기 경험과 생각을 담은 책을 출판할 수도 있다. 이러한 활동은 퇴직 후에도 생산적이고 의미 있는 삶을 살 수 있는 길을 열어준다.

| 정년퇴직은 새로운 기회와 가능성을 가져다준다

정년퇴직이 갖는 의미는 네 가지다. 첫째, 새로운 커리어와 학습의 기회를 얻게 된다는 점이다. 퇴직 후에는 새로운 커리어를 시작할 기회도 많다. 많은 사람이 퇴직 후 자기 경력을 바꾸거나 새로운 분야에서 일하기 시작한다. 이는 이전의 직장생활 동안 쌓은 경험과 지식을 바탕으로 새로운 도전을 하는 것이다. 교육 분야에 관심이 있는 사람은 퇴직 후 강사나 멘토로 활동할 수 있으며 자영업을 시작하거나 비영리 단체에서 활동하는 등 다양한 길을 모색할 수 있다. 이와 더불어 퇴직 후에도 학습은 계속돼야 한다. 기술 발전과 사회 변화에 맞춰 새로운 지식과 기술을 습득하는 것은 매우 중요하다. 온라인 강좌, 대학의 평생교육 프로그램, 워크숍 등에 참여하여 최신 정보를 습득하고 자신을 지속해서 발전시킬 수 있다. 이러한 학습은 퇴직 후의 삶을 더욱 풍요롭고 의미 있게 만들어줄 것이다.

둘째, 사회적 기여와 자원봉사 활동 등 사회적 기여를 통해 새로운 의미를 찾을 수 있다. 자원봉사 활동이나 지역 사회 프로젝트에 참여함으로써 다른 사람들에게 도움을 줄 기회가 많다. 이러한 활동은 사회와의 연결을 유지하게 해주며 자기 경험과 지식을 나누는 과정에서 보람과 만족을 느낄 수 있다. 또한 다양한 사람들과의 교류를 통해 새로운 시각을 얻고 자기 삶에 새로운 동기를 부여할 수 있다. 자원봉사는 퇴직자들에게 특히 의미 있는 활동이 될 수 있다. 지역 사회 센터, 학교, 병원 등에서 자원봉사를 하며 자신의 시간과 능력을 기부하는 것은 큰 보람을 가져다준다. 이는 사회적 네트워크를 넓히는 동시에 자신의 존재 가치를 다시금 확인할 기회가 된다. 자원봉사를 통해 얻은 성취감은 삶의 활력을 불어넣어줄 것이다.

셋째, 건강과 웰빙을 실천할 수 있게 된다. 직장생활을 하는 동안에는 일에 파묻히느라고 제대로 건강과 웰빙을 챙기지 못했을 수 있다. 때로는 원치 않는 술자리에 참여할 수도 있고 건강관리라고 해봤자 주말의 등산이 고작이었을지도 모른다. 그러나 퇴직 후의 시간은 이러한 건강관리에 전념할 수 있는 최적의 시기이다. 규칙적인 운동을 통해 체력을 유지하고 명상이나 요가 등을 통해 정신적 안정을 찾는다면 보다 활기차고 긍정적인 삶을 살 수 있다.

넷째, 퇴직은 가족과의 관계를 더욱 깊이 있게 발전시킬 기회가 된다. 직장생활 동안 바쁘게 지내며 소홀히 했던 가족들과의 시간을 보낼 수 있으며 함께하는 활동을 통해 더욱 돈독한 관계를 맺을 수 있다. 자녀들과의 시간을 통해 새로운 세대와의 교감을 나누고 자기 경험을 공유하는 것도 큰 기쁨이 될 수 있다. 가족과의 시간을 보내는 것은 퇴직 후 삶의 큰 기쁨이자 의미이다. 자녀들과 함께 여행을 떠나거나 손자나 손녀들과 놀면서 새로운 추억을 만드는 것은 소중한 경험이 된다. 또한 배우자와 함께 새로운 취미를 시작하거나 둘만의 시간을 보내며 관계를 더욱 돈독히 할 수 있다.

이렇듯이 퇴직은 단순히 일생의 종착역이 아니라 새로운 시작을 알리는 전환점이 된다. 아니, 그렇게 되도록 만들어야 한다. 퇴직자의 혁명적 발상 전환은 자신이 진정으로 원하는 삶을 추구하는 데 있어 중요한 역할을 한다. 새로운 도전을 두려워하지 않고 적극적으로 자신의 삶을 개척해나가는 것이 퇴직 후의 삶을 풍요롭고 의미 있게 만드는 길이다.

이제는 과거의 일에 얽매이지 않고 앞으로 다가올 새로운 기회와 가능성에 집중해야 할 때이다. 이러한 긍정적이고 혁명적인 발상 전환이야말로 퇴직자에게 진정한 행복과 만족을 가져다줄 것이다. 퇴직 후의 삶은 새로운 기회의 장으로 자신만의 독특한 이야기를 써 내려가는 시기가 되어야 한다.

이제 퇴직을 앞둔 당신에게 묻고 싶다. 당신은 지금까지 어떤 삶을 살아왔는가? 그리고 앞으로 어떤 삶을 살고 싶은가? 퇴직은 당신의 삶을 다시 설계할 귀중한 기회이다. 과거에 얽매이지 말고 미래를 향한 새로운 도전을 시작하자. 퇴직 후의 삶은 당신이 어떻게 바라보느냐에 따라 무한한 가능성을 지닌다. 혁명적 발상 전환을 통해 퇴직을 새로운 시각에서 바라보고 인생 2막을 힘차게 열어가자.

| 퇴사는 끝이 아니라 또 다른 시작이다

퇴직 후의 삶을 설계할 때 중요한 것은 자신이 진정으로 원하는 것이 무엇인지 명확히 하는 것이다. 직장생활 동안 미뤄두었던 꿈, 취미, 그리고 가족과의 시간 등을 다시 돌아보는 시간이 필요하다. 이러한 과정을 통해 진정으로 원하는 삶의 방향을 설정하고 새로운 목표를 세우게 된다. 이는 단순히 시간을 보내는 것이 아니라 더 나은 삶을 위한 의미 있는 계획을 세우는 과정이다.

퇴직은 끝이 아니라 또 다른 시작이다. 새로운 시작을 앞두고 두려움과 기대가 교차할 수 있지만 그만큼의 희망을 안고 나아가야 한다. 과거의 경험을 바탕으로 더욱 풍요롭고 의미 있는 삶을 만들어나가야 한다. 퇴직 후의 삶도 결국은 자신의 선택과 노력에 달려 있다. 직장이라는 울타리를 벗어나더라도 삶의 새로운 장을 써 내려가는 일은 여전히 자신에게 달려 있음을 명심해야 한다.

또한 퇴직 후의 삶은 사회와의 관계를 다시 설정하는 시간이기도 하다. 직장에서는 동료들과의 관계가 중요했지만 이제는 지역 사회와의 연대가 중요해진다. 지역 사회의 일원으로서 참여하고 이바지하는 삶을 통해 새로운 보람과 만족을 찾을 수 있다. 이는 단순히 봉사활동에 그치는 것이 아니라 지역 사회의 일원 역할을 재정립하는 과정이다.

문득 다가온 퇴사는 많은 생각을 안겨줄 것이다. 당연히 지금까지의 삶을 돌아보고 앞으로의 삶을 설계하는 중요한 기회로 삼아야 한다. 퇴직 후의 날들이 기대되며 새로운 시작을 맞이하는 지금 다시 한번 다짐해본다. 과거의 경험을 바탕으로 더욱 풍요롭고 의미 있는 삶을 만들어나가리라는 결심을 하고 앞으로 나아가자. 퇴직은 끝이 아니라 새로운 기회의 시작이다.

퇴직 후에도 배움의 과정은 계속된다. 새로운 언어를 배우거나 그동안 관심 있었던 분야를 주제로 공부하는 등 자신을 발전시키는 기회를 놓치지 말아야 한다. 이러한 배움의 과정은 단순히 지식을 쌓는 것이 아니라 자신을 새롭게 발견하고 성장하는 과정이 될 것이다. 또한 퇴직 후에는 자신만의 속도로 살아가는 법을 배워야 한다. 직장생활 동안의 바쁜 일정을 벗어나 이제는 자신만의 시간을 갖게 된다. 이는 단순히 휴식을 취하는 것이 아니라 자신을 돌아보고 진정으로 원하는 것이 무엇인지 생각하는 시간이 될 것이다.

이처럼 어느 날 문득 다가온 퇴사는 많은 것을 생각하게 만든다.

따라서 지금까지의 삶을 돌아보고 앞으로의 삶을 설계하는 중요한 전환점이 되도록 해야 한다. 퇴직은 끝이 아니라 새로운 시작임을 깨닫고 그에 대처하는 지혜를 발휘해야 한다. 물론 새로운 시작을 앞두고 조금은 두렵기도 하지만 그만큼의 기대와 희망을 안고 나아가야 한다. 과거의 경험을 바탕으로 더욱 풍요롭고 의미 있는 삶을 만들어나가는 것이 중요하다. 퇴직은 끝이 아니라 또 다른 시작이다.

4
퇴사는 자유와 자아실현의 기회가 된다

"사표를 던지고 싶다." "퇴사하고 싶다." "떠나고 싶다."

사람들은 그 직장에서 큰 성취를 꿈꾸는 것 이상으로 퇴사를 꿈꾼다. 이율배반적이지만 이것이 현실이다. 그래서 "사표를 내고 싶다."라는 말을 입에 달고 산다. 이는 단순히 직장에 대한 불만족에서 비롯된 것이 아니라 인간의 본성과 관련된 복잡한 심리적 현상이다. 현대 사회에서 직장은 단순히 생계를 유지하는 수단을 넘어서 개인의 정체성과 삶의 큰 부분을 차지하고 있다. 그러나 많은 직장인은 일상에서 반복되는 업무와 스트레스 속에서 때때로 자유를 갈망하며 퇴사를 꿈꾸게 된다.

HR테크 기업 '인크루트'가 직장인을 대상으로 '퇴사 욕구와 이유'에 대해 설문으로 조사한 결과를 보면 응답자 중 81.4%가 현재 재직 중인 회사에서 퇴사할 계획이 있다고 답했다. 반면에 아직 퇴사 계획이 없다는 응답자는 15%로 나타났으며 정년까지 다닐 계획이라고 답한 응답자는 불과 3.6%에 그쳤다.

왜 이렇게 대부분 직장인이 퇴사를 꿈꿀까? 사실 퇴사를 꿈꾸지 않는 사람이 비정상적이라 할 수 있다. 꼭 그 직장이 싫어서가 아니라 직장생활 자체를 때려치우고 싶은 충동은 아마 당신도 자주 할 것이다.

| 자유와 자아실현을 갈망하기 때문에 퇴사를 꿈꾼다

왜 사람들은 직장을 잡지 못해 안달하면서도 한편으로는 퇴사를 꿈꿀까? 직장인들이 퇴사를 꿈꾸는 이유는 세 가지다. 첫 번째는 뭐니 뭐니 해도 자유에 대한 갈망 때문이다. 정해진 시간에 출근하고 일정한 규칙에 따라 생활하는 일상은 안정감을 주지만 동시에 구속감을 느끼게 한다. 아마도 많은 사람이 "오늘도 출근하기 싫다."라는 생각하며 하루를 시작할 것이다.

이와 관련하여 미국의 철학자이며 시인이고 수필가인 헨리 데이비드 소로Henry David Thoreau는 "사람들은 묶여 있다는 사실을 깨닫기 전까지 자유를 갈망하지 않는다."라고 말했다. 이는 묶여 있다는 사실을 알게 되면 자유를 갈망하는 것이 인간의 심리요, 속성임을 거꾸로 말한 것이다.

자유에 대한 갈망은 단순히 출퇴근 시간의 자유로움을 넘어선다. 이는 자기 주도적인 삶을 살고자 하는 욕구와 깊이 연관되어 있다. 많은 직장인은 회사의 방침이나 규정에 얽매여 자신의 창의성과 자율성을 발휘하지 못하는 상황에 불만을 느끼곤 한다. 이러한 제약 속에서 벗어나 자신이 주도하는 삶을 살고자 하는 열망은 퇴사라는 생각으로 이어지게 되는 것이다.

두 번째는 새로운 시작에 대한 갈망이다. 우리는 새로운 경험과 도전을 통해 성장하고 발전하기를 원한다. 그러나 직장에서의 반복적인 업무는 이러한 갈망을 충족시키기 어렵다. 많은 직장인은 "다른 일을 해보고 싶다."라거나 "새로운 분야에 도전하고 싶다."라고 생각하며 퇴사를 꿈꾸게 된다. 이는 단순히 현재의 직업에 대한 불만족이 아니라 새로운 것을 시도하고자 하는 인간의 본능적인 욕구에서 비롯된다.

이러한 열망은 자아실현의 욕구와도 밀접하게 관련되어 있다. 많은 직장인이 자신의 진정한 열정과 관심사를 발견하고 이를 추구하기를 원한다. 그러나 현실적인 제약 때문에 이러한 욕구를 억누르며 살아가게 되는데, 이는 언젠가 퇴사를 통해 억눌렸던 욕구를 실현하고자 하는 생각으로 이어지게 된다. 저 유명한 심리학자 에이브러햄 매슬로는 "자아실현은 자신이 될 수 있는 모든 것이 되려는 인간의 본능적 욕구"라고 했다. 이 말은 새로운 도전을 통해 자기 잠재력을 최대한 발휘하고자 하는 욕구가 퇴사라는 생각으로 나타나는 것을 설명한다.

| 워라밸과 스트레스로 인한 번아웃도 퇴사하게 되는 이유다

세 번째는 더 나은 워라밸Work-Life Balance을 원하기 때문이다. 많은 직장인이 직장에서의 긴 시간과 높은 스트레스로 인해 개인적인 시간과 삶의 질이 저하되는 것을 경험하고 있다. 이와 관련하여 직장인들의 70% 이상이 퇴사를 고려하는 주요 이유로 일과 삶의 불균형을 꼽았다. 이는 많은 사람이 직장을 떠나 자유로운 삶을 꿈꾸는 이유 중 하나이기도 하다.

스트레스와 번아웃도 직장인들이 퇴사를 꿈꾸는 이유 중 하나이다. 많은 직장인은 과도한 업무 부담과 높은 스트레스로 인해 번아웃을 경험하게 된다. 이는 신체적 건강과 정신적 건강에 부정적인 영향을 미치며 결국 퇴사를 고려하게 만든다. 한 연구에 따르면 직장인의 약 60%가 번아웃 증상을 경험한 적이 있다고 응답했다. 과도한 업무, 부족한 휴식, 높은 책임감 등이 번아웃의 주요 원인으로 지목되었다. 이러한 상황에서 직장인들은 직장을 떠나 휴식을 취하고, 자신을 돌보는 시간을 갖기를 원하게 된다. 그리고 퇴사를 통해 새로운 삶의 균형을 찾고자 하는 욕구로 이어지는 것이다.

경력 발전의 부족도 직장인들이 퇴사를 꿈꾸는 중요한 이유 중 하나이다. 많은 직장인은 현재의 직장에서 경력 발전의 기회를 찾기 어렵다고 느끼며, 이를 통해 더 나은 기회를 찾고자 한다. 이는 직업적 만족도와 성취감을 크게 저하할 수 있다.

한 조사에 따르면 직장인들의 약 50%가 현재의 직장에서 경력 발전의 기회를 충분히 제공받지 못하고 있다고 느낀다. 이러한 상황에서 많은 직장인은 더 나은 경력 기회를 찾기 위해 퇴사를 고려하게 된다. 이는 자기 능력과 잠재력을 최대한 발휘할 수 있는 환경을 찾고자 하는 욕구에서 비롯된다.

| 퇴사를 꿈꾸는 것에는 긍정적 효과가 분명히 있다

그러나 퇴사를 꿈꾸는 것과 실제로 퇴사하는 것 사이에는 큰 차이가 있다. 많은 직장인은 퇴사를 꿈꾸면서도 현실적인 제약으로 인해 쉽게 결단을 내리지 못한다. 경제적인 안정, 가족의 생계, 사회적 위치 등 다양한 이유로 인해 직장을 떠나는 것이 쉽지 않다. 이와 관련하여 빌 게이츠는 "꿈은 이루기 위해 존재한다. 하지만 현실은 그 꿈을 이루기 위해 우리가 직면해야 할 도전이다."라고 말했다. 이는 퇴사를 꿈꾸는 것 자체는 긍정적인 변화의 시작일 수 있지만 이를 현실로 만들기 위해서는 많은 도전과 준비가 필요함을 의미한다.

물론 퇴사를 꿈꾸는 것이 오로지 나쁜 것만은 아니다. 퇴사를 꿈꾸는 것 자체는 긍정적인 효과를 가져올 수 있다. 이는 현재의 직업에서 벗어나고자 하는 욕망이 동기 부여가 되어 더 나은 직업적 환경을 찾거나 현재의 직장에서 더 나은 조건을 만들기 위한 노력을 하게 만든다. 예를 들어 직장인들이 퇴사를 고려하면서도 자신의 업무 환경을 개선하기 위해 상사와의 대화를 시도하거나 더 나은 업무 조건을 요구하게 되는 경우가 있다. 이는 결국 직장 내 환경을 개선하고 직업 만족도를 높이는 데 이바지할 수 있다.

또한 퇴사를 꿈꾸는 것은 개인의 성장과 발전을 위한 중요한 계기가 될 수 있다. 직장인들이 퇴사를 고민하면서 자신이 진정으로 원하는 것이 무엇이고 어떤 방향으로 나아갈지에 대해 깊이 생각하게 된다. 이는 자신을 재발견하고 새로운 목표를 설정하는 데 도움이 된다. 이와 관련하여 스티브 잡스는 "당신의 시간은 한정되어 있다. 다른 사람의 삶을 사느라 시간을 낭비하지 말라."라고 말했다. 이는 퇴사를 꿈꾸는 과정이 결국 자신이 진정으로 원하는 삶을 찾기 위한 중요한 과정임을 의미한다.

이렇듯이 직장인들이 퇴사를 꿈꾸는 것은 매우 자연스러운 현상이다. 이는 자유와 새로운 시작에 대한 갈망, 현재의 직업적 환경에 대한 불만족, 그리고 더 나은 삶을 추구하는 욕망에서 비롯된다. 많은 설문조사와 통계가 이러한 심리를 뒷받침하며 이는 직장인들이 일상에서 직면하는 다양한 문제들을 반영한다. 퇴사를 꿈꾸는 것은 단순히 직장을 떠나는 것을 넘어서 자신을 재발견하고 더 나은 미래를 위한 계획을 세우는 중요한 과정이다.

5
퇴사는 끝이 아닌 새로운 인생의 시작이다

"90년에 걸친 삶의 여정을 돌아봤을 때 가장 후회되는 것은 무엇이었나?" 미국에서 90세 이상의 노인들에게 던진 이 질문에 대하여 90%에 가까운 노인들이 이렇게 응답했다. "좀 더 모험을 해보았더라면……."

90세라면 20~80세의 성인들과는 달리 인생이 완전히 저물어가는 시점에 있는 사람들이다. 그런데 모험 못 해본 것을 후회한다고? 그러나 이 대답은 세상살이가 거의 끝나가는 노인들에게만이 아니라 우리 모두에게 오늘을 어떻게 살아야 할 것인지를 가르쳐준다. 퇴사, 특히 정년퇴직을 앞둔 사람에게 절절히 다가오는 후회일 수 있다. 도전하지 않고 모험을 마다하며 이렇게 직장을 떠난다는 것이 후회로 다가올 것이다.

당신은 직장생활을 통해 몇 번의 모험을 해봤는가? 물론 가치 없는 일에 괜한 모험을 할 필요는 없다. 그러나 '이대로는 안 되겠다.'라고 생각한다면 상황은 달라진다. 꿈이 있다면, 그것이 강렬할수록 한 번쯤 모험을 해보는 것은 어떨까? 훗날에 후회하지 않으려면 말이다.

모험이란 바로 결단하는 것이다. 결단하지 않고는 새로운 진로가 나타나지 않는다. 판을 흔들어 벽을 깨야 꿈과 소망이 현실이 될 수 있는 길이 보인다. 지금까지 해왔던 식으로 '새로운 현실'은 결코 눈앞에 전개되지 않는다. 인생 역전은 불가능하다.

| 인생 역전을 꿈꾼다면 판세를 뒤집어야 한다

인생 역전! 이 단어는 머리에 떠올리기만 해도 가슴이 뛴다. 뭔가 신천지가 전개되는 것 같은 느낌을 받는다. 그래서 '지금'이 만족스럽지 못한 사람들은 저마다 인생 역전을 꿈꾼다. 이대로 살기에는 인생이 너무 아깝고 억울하다고 생각하기 때문이다. 이대로 가면 별다른 희망이 보이지 않기 때문이다. 가끔 인생 역전을 이룬 사람들의 이야기를 듣게 된다. 그것이 우리의 마음을 흔들어놓는다. 멋지고 부럽기 때문이다. 그래서 약간의 배 아픔을 느끼면서도 그들의 성공을 함께 기뻐하며 환호하게 된다.

'역전逆轉'이란 원래 전쟁 용어다. '전세 역전'이라는 말이 대표적이다. 역전은 판세를 흔드는 것이다. 흔드는 것을 넘어 뒤집는 것이다. 지금의 흐름을 거꾸로 만드는 것이다. 이대로 가는 것이 아니라 다른 방식을 시도하고 다른 세계로 가는 것이다. 전쟁이든 인생이든 판세를 뒤집으려면 특별한 조치가 있어야 한다. 전세를 역전시키려면 형세를 뒤집어 거꾸로 회전시킬 만한 비책이 필요하다. 보통의 전략으로 상황을 뒤바꿀 수 없음은 상식이다.

우리가 인생 역전을 꿈꾼다면 인생의 '상륙작전'을 감행해야 한다. 노르망디 상륙작전과 인천 상륙작전이 전세를 뒤집은 것처럼 말이다. 인생은 전쟁과 같다. 전세 역전의 용단을 내리지 않고는 인생의 흐름을 바꾸기가 쉽지 않다. 승리하기 어렵다. 이대로 하면 이대로 된다. 역발상을 해야 한다. 무엇보다도 과감하게 실행에 옮겨야 한다.

인생에 한두 번 정도는 사상 최대의 작전을 도모할 필요가 있다. 운명을 건 일생일대의 전투를 펼쳐봐야 할 것이다. 그리하여 인생 역전의 교두보를 확보해야 한다. 그래야 꿈을 이루고 자기의 가치를 실현할 수 있다. 그 작전은 이직移職일 수도 있고 창업일 수도 있다. 해외 유학일 수도 있고 특정 기능에의 도전일 수도 있다. 고생을 사서 하는 것일 수도 있고 안락함의 희생일 수도 있다. 그것이 무엇이든 어떤 형태이든 지금 이대로의 흐름을 뒤바꿀 수 있는 것을 선택해 판을 흔들고 벽을 깨야 한다. 한계를 넘어야 한다.

무엇으로 판을 흔들 것인지는 각자의 몫이다. 누구도 강요하지 않는다. 스스로 결단해야 한다. 운명을 걸고 도전해야 한다. 그러지 않으면 지금 가고 있는 그대로 흘러가고 만다. 꿈을 이룰 수가 없다. 꿈을 꾸는 것만으로는 꿈쩍도 하지 않는다. 용단을 내려 모험을 감행해야 한다. 작전을 개시할 결단의 디데이는 퇴사라는 형식으로 다가온다.

| 자기 길을 가고 '자기 세상 만들기'를 해야 한다

인생 역전을 위하여 일생일대의 상륙작전을 펼쳐야 하되 '어떤 곳'을 상륙의 목표로 삼을 것인지가 중요하다. 그대의 '노르망디'와 '인천'은 어디인가? 상륙의 목표(노르망디 또는 인천)란 다름 아니라 그대가 꿈꾸는 세상이다. 저질러야 할 목표다.

당신은 당신의 꿈이 있는 것이다. 그 사람들은 그 사람 방식의 결단을 하는 것이고 당신은 당신의 방식으로 결단하면 된다. 저마다 소질이 다르고 기질이 다르다. 배짱의 크기도 다르다. 가치관이나 여건 또한 다르다. 꿈의 크기나 종류도 다르다. 아니, 꿈의 크기나 종류를 비교할 필요도 없다. 크든 작든 어떤 것이든 자기 나름의 판단에 따른 것이라면 다 소중하다.

일본의 유명한 사진작가이며 여행가인 후지와라 신야가 말했다. "세상엔 위대한 삶도, 시시한 삶도 없다. 먼저 자기다움을 회복하라. 그러면 앞으로 살아가야 할 방향이 보인다."라고. 멋진 말이다. 그렇다. 우리는 우리 나름의 삶을 만들기 위해 결단하면 된다. 당신은 당신다움을 회복해야 한다. 당신의 길을 가라는 말이다. 이것이 바로 내가 주장하는 '자기 세상 만들기'다.

자기 세상을 만드는 것은 부자인지 가난한지와 관계가 없다. 지위가 높은지 낮은지와도 관계가 없다. 소위 스펙이 어떤지와도 관계가 없다. 자기 세상은 거창한 것이 아니어도 좋다. 자기의 독자적인 가치를 실현하는 것이면 족하다. 자기가 짓고 싶은 성 자기가 꿈꾸는 노르망디면 된다. 한 가지 조건을 붙인다면 그 독자적인 세상은 가치 파괴적이 아닌 가치 실현적이어야 한다.

'자기 세상'이란 타인과 담을 쌓고 지내는 고립의 세상이 아니다. 어쩔 수 없는 현실 때문에 회사라는 큰 울타리에 갇혀있을지언정 자기의 가치를 제대로 실현하는 독립된 여지가 자기 세상이다. 설령 직장에서는 변방에 머무르더라도 그곳에서는 자기가 중심이 되고 주체가 되는 자기만의 캐슬이다. 자기가 중심이 되고 주체가 된다는 것은 남들과 다른 독보적인 세상을 만들라는 것이다. '독불장군'이 아니라 '독보장군'이 되라는 것이다. 그것이 바로 바람직한 자기 세상의 구축이다.

스티브 잡스를 말하면 무엇이 떠오르는가? 아마도 애플과 더불어 2005년 스탠퍼드대학교의 졸업식에서 행한 명연설이 떠오를 것이다. 그리고 스탠퍼드대학교의 졸업연설이라면 맨 마지막에 그가 외친 "늘 갈망하고 우직하게 나아가라Stay Hungry, Stay Foolish."를 생각하게 된다. 당신도 기억할 것이다. 그러나 스티브 잡스가 그 유명한 '어록'을 외치기 바로 직전에 미국의 청춘들에게 무슨 말을 했는지 아는가? 말이 길어서인지 아무도 그 앞부분을 기억하지 못하는 것 같다. 그는 누구든 자신의 길을 찾아 자기 세상을 만들 것을 강조했다. 췌장암으로 죽음을 목전에 두고 말이다(그러기에 더 진솔하게 들린다).

"모든 외형적 기대, 자부심, 좌절과 실패의 두려움과 같은 것들은 죽음 앞에서는 아무것도 아니기 때문에 진정으로 중요한 것만을 남기게 된다. 누구나 시간이 한정되어 있으므로 다른 사람의 삶을 살거나 다른 사람들이 생각한 결과에 맞춰 사는 함정에 빠지지 말라. 다른 사람들의 견해에 당신 자기 내면의 목소리를 가리지 말고 당신의 마음과 직관을 따라가는 용기를 가져라. 진정으로 만족하는 유일한 길은 스스로 훌륭하다고 믿는 일을 하는 것이다. 만일 그것을 아직 찾지 못했다면 계속해서 찾고 주저앉지 말라."

그러고는 말을 이었다. "늘 갈망하고 우직하게 나아가라Stay Hungry, Stay Foolish." 만약 앞부분이 없이 이것만 말했다면 웃기는 게 된다. 무엇을 갈망하여 우직하게 나아가라는 건지 말이다.

아무쪼록 잡스의 권고를 가슴에 담아 당신이 진정으로 만족하며 훌륭하다고 믿는 당신의 길을 걸어야 한다. 자기 세상을 꿈꾸자. 그것이 당신의 '노르망디'요 '인천'이다. 일찍이 그렇게 결단할수록 훗날의 후회는 줄어든다. 이제 그 목표를 향해 상륙작전을 감행해보자.

6

퇴사 후 인생 2막을 위한 공부를 미리 해두자

퇴사도 공부가 필요하다. 우리는 입사를 위해 치열하게 공부하고 다양한 자격증을 취득하며 자신을 끊임없이 갈고닦는다. 그러나 퇴사를 준비하는 데에는 그만큼의 열정과 노력을 기울이지 않는 경우가 대부분이다. 퇴사란 자연스럽게 사라지는 것으로 받아들이기 때문일 것이다. 그러나 퇴사는 단순히 직장을 그만두는 것이 아니라 새로운 세계로 진입을 의미한다. 그러므로 이를 성공적으로 준비하기 위해서는 다양한 방면에서 공부가 필요하다. 퇴사는 그 자체로 하나의 프로젝트이다. 따라서 자신의 커리어를 어떻게 전개할지에 대한 깊은 고민이 있어야 한다.

| 다양한 경험과 생산적인 여행이 퇴사에 도움이 된다

그렇다면 어떤 공부가 필요할까? 먼저 세상살이에 관한 공부다. 이는 단순히 책을 읽거나 강의를 듣는 것만을 의미하지 않는다. 세상살이에 관한 공부는 주변 사람들과의 소통, 다양한 경험을 통해 이루어진다. 예를 들어 여러 사회적 이슈에 관해 관심을 두고 토론하는 것도 정보를 축적하는 측면에서 매우 필요한 것이다. 사회적 흐름과 변화를 이해함으로써 더욱 넓은 시야를 갖게 되고 새로운 기회를 포착할 수 있는 능력을 키울 수 있다.

또한 여행을 통해 다양한 문화와 사람들을 경험하는 것도 큰 도움이 된다. 생산적인 여행은 우리의 사고방식을 확장하고 다른 문화와의 접촉을 통해 새로운 인사이트를 얻을 기회를 제공하기 때문이다. 여행은 단순한 휴식의 수단을 넘어서 우리에게 새로운 시각과 경험을 제공한다. 새로운 장소를 방문하고 다양한 문화와 사람들을 만남으로써 자신이 속한 사회를 더욱 객관적으로 볼 수 있게 된다. 이러한 경험은 사고방식을 확장하고 다양한 문제에 대한 창의적 해결책을 찾는 데 큰 도움이 된다. 또한 여행을 통해 얻은 인사이트는 우리의 일상과 직장생활에도 긍정적인 영향을 미칠 수 있다. 다양한 문화와 환경 속에서의 경험은 우리를 더 넓고 깊게 만들어준다.

| 퇴사 후 직업창출과 금융에 관한 공부를 해야 한다

다음으로 직업 창출을 위한 공부도 꾸준히 해야 한다. 퇴사 후 새로운 직업을 찾거나 자신의 사업을 시작하려면 이에 대한 철저한 준비가 필요함은 당연하다. 이를 위해 먼저 자신이 하고자 하는 분야에 대한 깊이 있는 연구가 있어야 한다. 해당 분야의 트렌드와 시장 상황을 분석한다든가 경쟁자와 차별화할 수 있는 나만의 강점을 찾아야 한다. 이를 위해 관련 서적을 읽거나 온라인 강의를 수강하며 지식을 쌓을 필요가 있다. 또한 실제 현장에서의 경험도 가능하다면 시도할 만하다. 인턴십이나 자원봉사 활동을 통해 실무 경험을 쌓는 것이 그런 경우다. 이를 통해 이론적인 지식뿐만 아니라 능력을 키울 수 있게 된다.

특히 새로운 직업을 찾거나 창업을 준비할 때는 현재의 직장에서 쌓은 경험과 지식을 어떻게 활용할 수 있을지를 고려하는 것도 바람직하다. 이를 위해 먼저 자신의 강점과 약점을 분석하고 자신의 전문성을 어떻게 활용할 수 있을지 고민해야 한다. 만약 현재의 직장에서 배운 기술과 노하우를 바탕으로 창업을 할 수 있다면 이는 큰 경쟁력이 될 수 있다. 또한 새로운 직업을 찾을 때도 현재의 경력을 어떻게 활용할 수 있을지 공부하고 연구하는 것이 필요하다.

다음으로 공부할 것은 금융 공부다. 퇴사 후 안정적인 생활을 유지하기 위해서는 철저한 재무 계획이 필요한데 이를 위해 금융에 대한 기초 지식부터 시작해 다양한 투자 방법에 관해 공부해야 한다. 주식, 부동산, 펀드 등 여러 가지 투자 수단에 관해 연구하고 자신에게 맞는 방법을 선택하는 것이다. 또한 재무 관리에 관한 책을 읽거나 관련 강의를 듣는 것도 큰 도움이 된다. 이를 통해 더 체계적으로 자산을 관리하고 예상치 못한 상황에서도 재정적으로 안정된 생활을 유지할 수 있게 된다.

재무 관리는 퇴사 후의 삶을 안정적으로 유지하는 데 필수적이다. 이를 위해 먼저 현재의 재무 상황을 정확히 파악하고 퇴사 후 예상되는 지출을 계산해야 한다. 이를 바탕으로 저축계획을 세우고 필요하다면 투자 계획을 수립하는 것이 좋다. 이런 공부를 통해 재정적 안정성을 확보하고 예상치 못한 상황에서도 대응할 수 있는 능력을 키울 수 있다.

| 자기 탐구와 2막 공부 또한 소홀히 해서는 안 된다

다음으로 자기 자신에 대한 탐구도 공부의 대상으로 삼을 만하다. 자신에 대한 깊은 이해는 퇴사 후의 방향성을 설정하는 데 중요한 역할을 한다. 자신의 가치관, 목표, 강점, 약점을 철저히 분석하고 이를 바탕으로 앞으로의 계획을 세워야 한다. 이를 위해 요즘 유행하고 있는 MBTI나 애니어그램 등의 성격 테스트를 활용하거나 코칭 세션을 통해 자기에 대한 이해를 도울 수 있다. 또한 일기 쓰기나 명상 등의 방법을 통해 내면의 소리에 귀 기울이는 것도 도움이 된다. 이러한 자기 탐구는 퇴사 후의 삶을 보다 주체적이고 만족스럽게 만들어줄 것이다.

자기 탐구는 단순한 자기 분석을 넘어 자신의 삶을 더욱 주체적으로 살아가는 데 필수적인 과정이다. 우리는 자신이 진정으로 원하는 것이 무엇인지 어떤 방향으로 나아가야 할지 명확히 알 수 있게 된다. 또한 자신의 강점과 약점을 파악함으로써 효율적으로 목표를 설정하고 계획을 세울 수 있다. 이는 퇴사 후의 삶을 보다 주체적이고 만족스럽게 만드는 데 큰 도움이 된다.

가정관리에 관한 공부도 추천한다. 퇴사 후에는 가정 내의 역할이 변화할 수 있다. 이를 대비해 가정 경제 관리, 자녀 교육, 가족 간의 소통 방법 등에 대해 미리 공부해두는 것이 좋다. 또한 자녀 교육에 대한 이해를 높이고 가족과의 소통을 원활하게 하려는 방법을 배우는 것도 필요하다. 이는 가정의 안정과 화목을 유지하는 데 큰 도움이 된다.

가정관리는 퇴사 후의 삶을 안정적으로 유지하는 데 필수적이다. 먼저 가정 내의 역할 변화를 이해하고 이에 대비하는 것이 좋다. 가정 경제 관리를 위해 가계부를 작성하고, 예산을 계획하고, 지출을 통제하는 방법을 익히는 것도 필요하다. 또한 자녀 교육에 대한 이해를 높이고 가족과의 소통을 원활하게 하려는 방법을 배우는 것도 중요하다. 이는 가정의 안정과 화목을 유지하는 데 큰 도움이 된다.

마지막으로 2막 인생에 관한 공부다. 퇴사는 새로운 삶의 시작을 의미하며 이를 준비하기 위해서는 2막 인생에 대한 구체적인 계획이 필요하다. 그래서 자신이 꿈꿔왔던 일, 새로운 취미, 봉사 활동 등을 계획하고 준비하는 것이 좋다. 또한 건강관리를 위해 운동을 시작하거나 새로운 식습관을 도입하는 것도 공부의 일환이 된다. 2막 인생을 풍요롭게 만들기 위해서는 자신이 진정으로 원하는 것을 찾아 그것을 실현하기 위한 준비를 철저히 해야 한다.

2막 인생은 우리의 삶을 더 풍요롭고 의미 있게 만드는 기회이다. 이를 위해 먼저 자신이 꿈꿔왔던 일, 새로운 취미, 봉사 활동 등을 계획하고 준비해야 한다. 또한 건강관리를 위해 운동을 시작하거나 새로운 식습관을 도입하는 것도 고려해야 한다. 이는 우리의 삶을 보다 건강하고 행복하게 만드는 데 큰 도움이 된다. 2막 인생을 풍요롭게 만들기 위해서는 자신이 진정으로 원하는 것을 찾아 그것을 실현하기 위한 준비를 철저히 해야 한다.

이처럼 퇴사도 입사 못지않은 철저한 준비와 공부가 있어야 한다. 세상살이에 대한 이해를 높이고, 직업 창출을 위한 준비를 철저히 하며, 금융에 대한 지식을 쌓고, 자기 자신에 대한 탐구를 통해 자신을 이해하고, 가정관리에 관한 공부로 가정을 안정시키며, 2막 인생을 위한 구체적인 계획을 세우는 것 등이 필요하다. 그 밖에도 무엇을 공부해야 할지 개인마다 다를 것이다. 그것을 찾아보자. 그리고 꾸준한 공부를 통해 자신의 가치와 능력을 업그레이드하자. 이렇게 공부하는 과정을 통해 우리는 퇴사 후에도 안정적이고 풍요로운 삶을 이어갈 수 있을 것이다. 퇴사를 준비하는 과정

자체가 우리의 삶을 더욱 풍요롭게 만들고 새로운 도전의 기회를
열어줄 것이다.

7
퇴사하게 되더라고 불안해 말고 조급해 말자

| 퇴사의 순간에는 복합적인 감정이 밀려온다

직장생활을 열심히 하다 보면 어느 날 문득 정년이 다가오고 퇴직의 시점이 왔음을 깨닫게 된다. 퇴직이라는 순간은 누구에게나 예외 없이 찾아오는 시간이다. 오랜 세월 동안 일에 매진해온 사람들에게 퇴사는 단순히 일을 그만두는 것이 아니라 인생의 한 챕터를 마무리하고 새로운 시작을 준비하는 중요한 전환점이다.

매일 아침 일어나 출근 준비를 하던 루틴은 이제 일상이 되어버렸다. 회사로 향하는 길, 동료들과의 대화, 업무의 성취감과 스트레스 등은 직장인의 삶을 구성하는 중요한 요소들이다. 그러나 이제 그 모든 것이 끝나간다는 사실을 실감하는 순간 많은 감정이 교차하게 될 것이다.

입사 당시 열정으로 가득 찼던 신입사원 시절을 떠올려보자. 새로운 도전과 배움의 기회가 눈앞에 펼쳐졌고 하나씩 목표를 달성해가며 성취감을 느꼈던 시간이었다. 그러나 그동안의 모든 경험이 퇴직을 앞두고는 복잡한 감정으로 다가온다. 오랜 시간 함께한 동료들과의 이별, 익숙한 일상에서 벗어나야 한다는 두려움, 그리고 새로운 시작에 대한 설렘 등이 한꺼번에 밀려온다. 이처럼 퇴직을 맞이하는 감정은 복합적이다. 긴 여정을 마무리하는 것에 대한 아쉬움과 더불어 그동안 바쁜 일상에서 미뤄두었던 꿈과 계획들을 실현할 수 있다는 기대감이 공존한다. 오랜 시간 동안 함께한 동료들과의 소중한 추억, 매일 아침 커피를 마시며 나누던 소소한 이야기들, 점심시간의 산책, 회식 자리에서의 웃음소리 등 모든 것이 그리워질 것이다.

그러나 퇴직 후의 삶은 또 다른 도전이다. 익숙한 일상을 벗어나 새로운 환경에서 자신을 다시 발견하고 나만의 속도로 살아가는 삶을 계획하는 것이다. 그동안 놓치고 살았던 가족과의 시간, 친구들과의 만남, 나 자신을 위한 시간을 가지며 새로운 시작을 준비하는 것이 중요하다. 아침 햇살을 느끼며 산책하고, 여유롭게 책을 읽고, 새로운 취미를 배우고, 지역 사회에 봉사하는 일 등에 참여하는 것이 그 예가 될 수 있다.

| 막상 퇴직하게 되면 막막하고 속 시원한 해법이 드물다

매년 연말이 되면 회사는 승진인사와 더불어 퇴직발령을 낸다. 요즘은 연례행사처럼 '희망퇴직' '명예퇴직'이라는 이름의 '밀어내기'가 유행이다. 정년이 있되 보장은 되지 않는 게 현실이다. 정상적인 퇴직이든 중도의 희망퇴직이든 그것이 예상되는 2~3년 전만 해도 "까짓것!"이라며 대수롭지 않게 넘기지만 막상 퇴직발령이나 대기발령이 나고 나면 상황은 급전직하한다. "회사가 당신을 배신한다."라는 말이 실감 나게 다가올 것이고 당장 "이제부터 뭘 하지?"라는 질문에 적절한 답변이 떠오르지 않을 것이다.

여러 책과 인터넷 등에서 '희망퇴직에 대처하는 요령' 등이 제시되지만 솔직히 속 시원한 해법이 되는 경우는 드물다. 그 대답을 제시한 사람 자체가 과연 희망퇴직의 절망적인 상황을 경험해봤는지, 아니면 그런 상황을 뚫고 정말로 바람직한 재취업에 성공했는지 되묻고 싶을 때도 있다.

그나저나 확실히 말할 수 있는 것은 퇴직 이후에 발생하는 상황은 사람에 따라 형편에 따라 다르다는 것이다. 정답이 없다. 각자 헤쳐 나갈 수밖에 없다. 이거야말로 각자도생해야 한다. 창창한 젊은이들도 일자리를 찾지 못해 난리인데 중년이 넘어선 사람을 누가 제대로 반기겠는가?

가장 바람직한 상황은 퇴직 이후에는 일자리를 갖지 않는 것이다. 말 그대로 완전한 은퇴, 즉 '완퇴'를 하는 것이다. 한평생을 일만

하다 사라질 수는 없다. 인생의 3분의 2쯤 일했으면 나머지 3분의 1은 즐기며 놀며 멋지게 사는 게 맞다. 문제는 현실이 그렇지 못하다는 데 있다.

그럼 어떻게 한다? 젊은 날에 강제퇴직의 위험을 겪었고 그 후 여러 번의 퇴직을 경험하며 '직업이동'을 했던 사람으로서 퇴직예정자들에게 강의하면서 느꼈던 바를 모아 '퇴직에 임하는 자세'를 7계명으로 만들어봤다. 도움이 되기를 바란다.

| 퇴직한 사람에게는 퇴직자 7 계명이 도움이 된다

1계명: 일단 받아들이자

어차피 올 것이 왔다. 설령 명예롭지 못한 희망퇴직이라 할지라도 분노할 것도 회사를 원망할 것도 없다. 우선 마음부터 다스려야 한다. 현실로 받아들여라. 예전의 상황에 연연하지 마라. '희망퇴직'이니 '명예퇴직'이니 하는 말장난에 놀아나지도 마라. 어쨌든 회사를 떠나는 것이다. 이제 새로운 삶을 시작해야 한다. 중요한 것은 새 삶에서 성공하는 것이다. 보란 듯이 성공해야 한다. 그것이 핵심이다.

2계명: 당당해지자

희망퇴직은 창피한 일이 아니다. 이제 100세 인생 중에서 한 단계가 그렇게 마무리된 것일 뿐이다. 다른 사람은 아직도 직장에 남아 있는데 나만? 그렇게 생각하지 마라. 인생은 끝까지 가봐야 안다. 어차피 떠나야 할 직장이었다면 조금은 일찍 떠나는 게 더 나을 수 있다. 당당해야 한다. 웃어라. 옷차림이나 외모도 더 잘 가꾸자. 그래야 달아나던 복福도 되돌아온다.

3계명: 조급해하지 말자

이제부터 뭘 하지? 당장 내일부터 무슨 일을 하지? 그런 조급증이 사람을 망친다. 조급하다 보면 상황을 오판한다. 못된 사람의 유혹에 넘어가기 쉽다. 우선 숨을 돌리자. 아무 일자리나 잡으려 하지 마라. 여유 자금이 있다면 1~2년쯤 쉬어도 좋다. 앞으로 남은 인생을 생각한다면 충분한 준비기간이 필요하기 때문이다.

4계명: 뒤돌아보지 말자

지금까지의 지위나 소득 등은 모두 잊어버리자. 뒤돌아보지 마라. 추억에 살지 마라. 오직 앞으로 나갈 것만 생각하자. 2막 인생은 완전히 새롭게 시작하는 세상이다. 직장생활의 그 지긋지긋한 경쟁도 이제는 없다. 당신이 가장 하고 싶었던 것, 이루고 싶었던 꿈, 가장 잘할 수 있는 것에 충실하면 된다. 그것을 통해 당신의 가치를 실현하는 자기 세상을 만드는 게 정답이다.

5계명: 가족의 마음부터 사자

가장 중요한 것은 가족의 이해와 협력이다. 특히 배우자의 이해와 협력은 필수이다. 세상이 두 쪽 나도 배우자가 이해하고 협력하면 아무런 문제가 아니다. 백수로 살아도 행복할 수 있다. 퇴직을 앞당기고 집을 팔아치운 후 세계 일주를 떠난 사람도 결국은 배우자의 전폭적인 지지와 합의가 있기에 가능한 것이다. 농촌으로 이주하여 농사짓기로 작정한 사람도 배우자와 의기투합했기에 가능한 것이다.

배우자의 마음을 사고 전폭적인 지지를 얻으려면 어떻게 해야 할까? 당신의 상황과 심경을 솔직히 말하고 대화를 통해 접점을 찾아야 한다. 2막 인생의 질은 배우자가 결정한다.

6계명: 소박한 삶을 즐기자

"왕년에 내가……." 그따위 생각은 부질없다. 오히려 사람을 위축시키고 초라하게 한다. 고관대작을 했으면 뭘 하는가? 오히려 그것이 걸림돌이 되는 경우가 많다. 다 잊자. 이제 출발선에서 다시 뛰기 시작하는 거다. 더 좋은 직장을 잡을 확률이 높지 않다면 차라리 소박한 삶을 즐기기 바란다. 소박하기에 행복하고 멋진 삶도 많다.

7계명: 인생의 의미를 찾자

돈이나 성공이 인생의 모든 것은 아니다. 성공이란 무엇인가? 당신의 가치는 무엇인가? 2막 인생이란 1막 인생과 달라야 한다. 이제 인생을 관조할 줄도 알아야 하고 성공의 의미도 남달리 정의할 수 있어야 한다. 어떻게 사는 것이 제대로 잘 사는 것인지 재정립해야 한다. 이제 남은 인생에서 무엇을 이루며 어디로 갈 것인지 '철학자'가 될 필요도 있다.

어떤가? 희망퇴직 또는 명예퇴직으로 불안해하는 사람들에게 더 불안함을 주었는지 모르겠다. 그러나 내 딴에는 진정한 염려와 격려를 드리고 싶었다. 서너 차례에 걸쳐 스스로 사표를 던지며 새로운 삶을 개척했던 나의 경험, 시행착오와 실패, 그때마다 노심초사했던 당시의 심정을 되살리면서 말이다.

갈팡질팡하다 보면 아무것도 안 된다. 그러면 시간이 흐를수록 조급해지고 나중에는 가족들까지도 불안해져 가정불화로 이어질 수 있다. 그렇게 되면 모든 게 허사이다. 후회와 원망을 할 시간이 있다면 2막 인생의 구체적 계획을 짜야 한다. 무엇을 할 것인지, 직장을 잡을 것인지, 창업할 것인지, 또는 그냥 놀고먹을 것인지 등등 말이다. 가야 할 길이 분명해졌다면 좌면우고하지 말고 그 길을 내달리면 된다. 힘내자. 일체유심조라는 말이 있다. 모든 것은 마음먹기에 달렸다는 뜻이다. 내일은 또다시 밝은 해가 뜬다. 세상은 넓고 할 일은 많다.

2장

누구나 퇴사를 준비하고
계획하고 목표를 세워야 한다

1
퇴사 결단을 내릴 때는
치밀하고 과감해야 한다

앞에서 퇴사를 결정할 때 결코 홧김에 욱하는 감정에 사로잡혀 결정하지 말라고 했다. 욱하는 감정은 망조 드는 지름길임을 경고했다. 그런데도 결단할 때는 과감하게 해야 한다. 떠날 때를 아는 것도 분명히 지혜다.

직장생활을 하다 보면 자발적이든 비자발적이든 퇴사의 결단을 내려야 할 때가 있다. 떠나야 할 때를 아는 것이 지혜라면 결단을 내려야 할 때 내리는 것 역시 지혜이자 용기다. 그렇다면 어떤 경우에 퇴사의 결단을 내려야 하는지 '결단을 내려야 하는 경우'와 '결단을 내리는 방법'과 '결단의 중요성'에 대해 알아보자.

| 퇴사의 신호가 충분히 보인다면 퇴사를 결심해라

먼저 결단을 내려야 하는 경우를 보자. 무엇보다도 성장의 한계를 느낄 때 결단해야 한다. 직장에서 더 이상 성장할 수 없다고 느낄 때다. 직장에서의 성장은 단순히 직급의 상승이나 연봉의 인상을 의미하는 것이 아니다. 이는 새로운 기술을 배우고, 새로운 경험을 쌓고, 더 넓은 네트워크를 형성하는 것을 포함한다. 만약 현재의 직장에서 이러한 성장이 불가능하다고 느낀다면 퇴사의 신호일 수 있다.

예를 들어 업무가 너무 반복적이어서 더 이상 배울 것이 없다고 느끼거나 회사가 당신의 성장을 지원하지 않는다면 더 나은 기회를 찾아보는 것이 바람직하다. 회사에서의 교육 기회가 부족하거나 자신의 역량을 발휘할 수 있는 프로젝트를 맡지 못하는 상황이 지속된다면 자신의 성장에 한계가 왔음을 의미한다. 이러면 자신의 커리어 목표와 발전을 위해 다른 직장을 찾아보는 것이 현명한 선택이 될 수 있다.

또한 업무 환경이나 조직문화가 개인의 가치관과 충돌할 때 역시 결단을 해야 할 때다. 이는 비윤리적인 경영 방식, 비합리적인 업무 처리, 부당한 대우 등 다양한 요소에서 발생할 수 있다. 예를 들어 회사가 비윤리적인 방법으로 사업을 운영하거나 직원들을 부당하게 대우하는 것을 목격했을 때 자신의 가치관과 충돌하는 환경에서 계속 일하는 것은 매우 힘들다.

이런 경우 자신의 도덕적 기준과 가치관을 지키기 위해 퇴사를 결심하는 것이 필요할 수 있다. 조직문화가 자신의 윤리적 기준과 맞지 않거나 업무 방식이 비합리적이라면 일상적인 스트레스를 넘어서 심리적인 부담을 줄 수 있다. 예를 들어 회계 부서에서 일하는 사람이 회사의 비리나 불법적인 자금 운용을 알게 됐을 때 그로 인해 양심의 가책을 느낀다면 퇴사를 고려해야 하는 중요한 이유가 된다.

다음으로는 건강상의 이유도 결단의 상황이라 할 수 있다. 건강상의 이유로 직무를 지속할 수 없다면 당연히 결단해야 한다. 건강은 무엇보다 중요한 요소다. 직장에서의 과도한 스트레스, 긴 업무시간, 부적절한 근무 환경 등으로 인해 신체적 건강과 정신적 건강이 악화할 수 있다. 예를 들어 직장에서의 스트레스로 인해 수면 장애가 생기거나 지속적인 피로감과 불안감을 느낀다면 건강에 심각한 문제를 일으킬 수 있다. 장기적인 건강을 위해서라면 과감한 결단이 필요할 수 있다. 건강상의 문제는 즉각적으로 대처하지 않으면 장기적으로 큰 손실을 가져올 수 있다. 예를 들어 지속적인 스트레스로 인한 소화불량, 두통, 고혈압 등은 업무 능력을 떨어뜨릴 뿐 아니라 심각한 건강 문제로 이어질 수 있다.

결단해야 할 또 하나의 상황은 더 나은 기회가 눈앞에 있을 때다. 현재의 직장에 만족하고 있더라도 더 나은 조건이나 더 큰 도전의 기회가 있을 때는 놓치지 않는 것이 당연하다.

예를 들어 외부에서 더 높은 연봉과 더 많은 복지 혜택을 제공하는 직장을 제안받거나 자신의 꿈꿔온 프로젝트를 실현할 기회가 왔을 때는 현재의 안락함에 안주하지 말고 과감히 도전하는 것이 필요하다. 또한 자기 경력과 능력을 한 단계 끌어올릴 기회가 주어진다면 이를 적극적으로 고려해야 한다. 예를 들어 다국적 기업에서의 해외 파견 근무 제안이나 업계 리더 기업에서의 헤드헌팅 제안은 자신의 커리어를 크게 발전시킬 기회가 될 수 있다.

| 정보 수집, 조언 경청, 자기반성 등을 통해 퇴사를 확정해라

퇴사 결단을 내려야 할 상황은 직감적으로 알 수가 있다. 그런데도 결단을 내릴 때는 치밀해야 하고 동시에 과감해야 한다. 삐끗하면 돌이킬 수 없는 일이 될 것이기 때문이다.

첫 번째로는 충분한 정보 수집과 분석이 필요하다. 현재 직장의 장단점을 객관적으로 분석하고 퇴사 후의 계획을 세워야 한다. 새로운 직장 조건과 시장 상황 등을 철저히 조사하는 것이 필요하다. 예를 들어 퇴사 후 어떤 직종에서 일하고 싶은지, 그 직종의 시장 상황은 어떤지, 필요한 기술이나 자격증은 무엇인지 등을 조사해야 한다. 또한 자신이 퇴사 후 경제적으로 안정적인지, 새로운 직장을 구하는 데 얼마나 시간이 걸릴지 등도 고려해야 한다. 정보 수집을 통해 자신이 직면할 수 있는 리스크와 기회를 명확히 파악해야 한다.

다음으로는 주변 사람들의 조언을 귀담아듣는 것이다. 가족, 친구, 선배 등 신뢰할 수 있는 사람들과 상담해보는 것이 좋다. 그들의 경험과 조언은 결단을 내리는 데 큰 도움이 될 수 있다. 예를 들어 직장을 옮긴 경험이 있는 선배에게 조언을 구하거나 비슷한 고민을 했던 친구의 이야기를 들어보는 것이 도움이 된다. 또한 전문적인 커리어 코치나 멘토의 도움을 받는 것도 좋은 방법이다. 이들은 객관적인 시각에서 상황을 분석하고 최적의 결정을 내릴 수 있도록 도와줄 수 있다. 그러나 최종 결정은 결국 본인이 해야 한다는 점을 명심해야 한다.

　세 번째로는 자신의 감정을 솔직하게 들여다보는 것이다. 퇴사의 결단은 감정적인 요소도 크다. 직장에서의 스트레스, 불만, 희망 등 다양한 감정을 객관적으로 파악하고 그 감정들이 결정을 흐리지 않도록 하는 것이 필요하다. 예를 들어 일시적인 감정으로 인한 충동적인 결정을 피하고 자신의 감정을 냉철하게 분석하여 판단하는 것이 중요하다. 자신의 감정을 객관적으로 파악하기 위해서는 일기를 쓰거나, 자신과 대화하는 시간을 가지는 것도 좋은 방법이다. 이를 통해 자신이 왜 퇴사를 결심하게 됐는지, 그 결단이 일시적인 감정에서 비롯된 것인지, 아니면 장기적인 계획과 목표에 부합하는 것인지를 명확히 할 수 있다.

| 올바른 결단은 행복과 성공에 직접적 영향을 미친다

퇴사를 고민하는 것 이상으로 결단할 때는 결단해야 한다. 결단의 중요성에 대해서는 강조할 필요가 없다. 인생에서 직장에서 보내는 시간은 큰 부분을 차지하고 있으며 어떻게 보내느냐가 큰 영향을 미친다. 결단을 내리는 것은 자신의 삶을 주도적으로 설계하고 보다 나은 방향으로 나아가기 위한 필수적인 과정이다.

예를 들어 현재의 직장에서 불만족스러운 상황을 견디며 시간을 허비하기보다는 새로운 기회를 찾아 더 나은 환경에서 일하는 것이 삶의 질을 높이는 방법일 수 있다. 또한 결단을 내리는 과정에서 얻는 경험과 교훈은 자신의 성장에 큰 도움이 된다. 결단을 내리면서 자신이 어떤 가치관을 따르고 있는지, 어떤 목표를 추구하는지를 명확히 알게 되기 때문이다.

올바른 결단은 개인의 행복과 성공에 직접적인 영향을 미친다. 예를 들어 자신의 가치관과 맞지 않는 직장에서 벗어나 더 적합한 직장에서 일하게 된다면 개인의 만족도와 성과를 크게 향상할 수 있다. 또한 퇴사의 결단은 자신의 커리어를 한 단계 발전시키는 중요한 기회가 될 수 있다.

따라서 결단을 내리는 데는 용기와 신중함이 동시에 필요하다. 결단을 내리기 전에 충분한 정보 수집과 분석, 주변 사람들의 조언, 자신의 감정을 객관적으로 들여다보는 과정을 통해 신중하게 판단해야 한다. 이 결단은 더 나은 미래를 향한 발걸음이며 용기와 지혜가 있어야 한다.

　결단을 내리는 순간은 두려움과 불안함이 가득할 수 있다. 하지만 올바른 판단과 준비가 동반된다면 퇴사는 새로운 시작의 기회가 될 수 있다. 중요한 것은 자신에게 맞는 결정을 내리고 그 결정을 실행에 옮기는 용기이다. 결단을 내릴 때 필요한 것은 신중한 판단, 용기, 그리고 주변의 지지이다. "결단은 두려움을 이기는 첫걸음이다."라는 말을 기억하며 결단의 순간을 잘 준비하고 맞이하길 바란다.

2
퇴사 전략을 짜는 데 선각자들의
방법을 참고하라

"결단하라."라고 권하지만 말처럼 쉬운 일은 아니다. 제삼자로서는 쉽게 말할 수 있지만 당사자가 되면 문제는 간단치 않다. 그것을 가로막는 현실적 상황은 복잡할 것이다. 그 결단으로 인하여 자칫 나락으로 떨어질 수도 있다(그럴 땐 누가 책임지지?). 그러나 잊지 마라. 무작정 고민만 하며 시간을 보낼 수는 없다. 마냥 망설이고 있을 수는 없지 않은가. 영국의 유명한 극작가이자 시인인 에드워드 영Edward Young이 말했다. "지연은 시간의 도둑이다."라고. 그렇다. 망설임은 시간의 도둑이며 결국 인생의 도둑이다.

　퇴사 전략을 성공시키기 위해 결단을 해야겠는데 망설여질 때는 선각자들의 조언을 참고할 필요가 있다. 어떻게 결단하며 판을 흔드는 것인지 요령이 있다는 말이다.

| '결단용 대차대조표'를 만들어 꼼꼼히 따져봐라

결단을 주저하고 망설이는 이유는 당연히 실패의 두려움 때문이다. 실패하지 않을 것이라는 보장이 있다면 주저할 이유도 망설일 까닭도 없다. 무엇이든 해볼 것이다. 아니, 성공이 보장된 것이라면 그것은 결단이라 할 것도 없고 판을 흔드는 것도 저지르는 것도 아니다.

망설이고 주저할 수밖에 없는, 즉 성공의 여부가 불확실한 일에 도전할 때는 흔히 '직감'에 매달리게 된다. 막연한 자신감이다. 탁월한 사람은 이 직감이 현실과 부합되는 경우가 많은 사람이다. 그러나 직감이란 위험성이 큰 것이어서 세상을 직감에 의존하며 살 수는 없는 노릇이다. 하물며 일생일대의 결단이 될 수도 있는 퇴사를 직감에 의존한다? 그것은 무모해도 너무 무모하다.

이럴 때 벤저민 프랭클린이 즐겨 사용했다던 프로세스를 활용해보는 것이 하나의 방법이다. 프랭클린이 '심리적 대수학moral algebra'이라고 이름 붙인 이 기법은 이를테면 대차대조표를 짜보는 것이다. '결단용 대차대조표 짜기'라고도 한다. '심리적 대수학'이니 '결단용 대차대조표 짜기'라고 하니 대단한 것 같지만 그런 건 아니다. 상식적이다(별것 아닌 것에 멋진 이름을 붙이면 별것처럼 보인다).

1772년 10월 벤저민 프랭클린은 특별한 일자리를 제안받은 동료로부터 어떻게 해야 할지 조언해달라는 부탁을 받았다. 그러나 프랭클린은 상황이 어떤지를 정확히 알 수 없었기에 그 제안을 받아들일 것인지 말 것인지에 대하여 조언해줄 수 없다고 솔직한 답장을 보냈다. 그러면서 그 자신이 어떤 결정을 할 때 활용하는 프로세스를 알려주었다.

"나는 종이 한가운데를 절반으로 나눠 길게 줄을 그은 다음 한쪽에는 장점을 적고 다른 쪽에는 단점을 적는다네. 그리고 그 장단점 각각의 중요도를 비교해보네. 중요도가 엇비슷한 것을 각 칸에서 하나씩 찾아내면 그 두 개를 지우고 만약 어떤 장점이 두 개의 단점과 같은 중요도를 가진다고 판단되면 그 세 개를 함께 지워버린다네. 두 개의 장점이 세 개의 단점과 비슷한 경우에는 다섯 개를 지우는 거지. 이렇게 하다 보면 마침내 균형이 어느 쪽으로 기우는지 알게 된다네. 그리고 하루 이틀 더 생각해봐도 새로운 장단점이 떠오르지 않으면 자연스럽게 결정을 할 수 있다네."

그가 보낸 편지의 내용이다. 어찌 보면 단순하고 초등학생 수준의 유치한 방법 같아 보이지만 그게 아니다. 200년이 지난 오늘날에도 어떤 결정을 내릴 때 활용되는 유용한 기법이다.

여기서 한 가지 참고할 것이 있다. 그가 권장한 '결단용 대차대조표 짜기'는 결단을 내릴 때 꼼꼼하게 따져보라는 '망설임'에 중점을 둔 것이 아니라 가능한 한 망설이지 말고 결단을 내려 행동에 옮기라는 긍정의 권고로 받아들여야 한다. "사람은 망설이지만 시간은 망설이는 법이 없다. 잃어버린 시간은 절대 되돌아오지 않는다."라는 그의 말에서 의도를 읽을 수 있기 때문이다.

자, 당신의 대차대조표는 어떤 결과로 나오는가?

| 후회 최소화 프레임워크로 후회를 줄이는 결단을 해라

결단이 주저되고 망설여지는 상황에서 과연 어떻게 해야 할지
를 결정하는 또 하나의 유용한 방법이 있다. 후회를 최소화하는 방
법이 그것이다. 일명 '후회 최소화 프레임워크Regret Minimization Frame-
work'라고 한다. 그 원리에 대해서는 베스트셀러인 『혼·창·통』이라
는 책에 다음과 같이 소개되어 있다. 세계 최초의 인터넷서점으로
출발한 미국의 인터넷 종합 쇼핑몰 아마존의 창업에 얽힌 일화와
더불어서 말이다.

월스트리트의 헤지펀드 회사인 디이쇼D.E. Shaw & Co.에서 부사장
으로 일하던 38세의 제프 베이조스. 그는 인터넷으로 책을 파는 회
사를 창업하기로 작정하고 그 계획을 상사에게 말한다. 그러나 그
를 아끼는 상사는 베이조스에게 48시간 동안 생각을 더 해보라며
말렸다. 이때 그가 할 것인지 말 것인지 결단의 기준으로 삼은 것이
바로 '후회 최소화 프레임워크'이다. 후회 최소화 프레임워크라면
뭔가 거창한 이론 같은데 이것 역시 상식적인 것이다. 즉 훗날에 후
회할 것인지 아닌지를 따져서 지금의 결단에 활용하는 것이다.

베이조스는 여든 살이 되었을 때를 가정해보고 그때 인생을 되돌
아보면서 창업한 것이 후회될 것인지 아닌지를 따져보았다. 그러고
는 설령 창업이 실패하더라도 훗날에 후회하지 않을 것이며 만약
이번에 시도하지 않는다면 후회하게 될 것이라는 판단에 이르자
과감히 사표를 던진다. 그럼으로써 아마존의 창업자가 됐다.

"만일 당신이 여든 살이 됐다고 가정하고 그때 나는 어떻게 생각할 것인지 상상해보라. 그러면 당신은 일상적인 판단의 혼란에서 벗어날 수 있다." 제프 베이조스의 권고다.

이 방법은 매우 실용적이며 유용하다. 실제로 나 자신도 결단할 때 이 방법을 종종 활용한다. 퇴사를 앞두고 그것이 정년퇴직이든 자발적 조기퇴사이든 간에 뭔가 결단을 해야겠거든 먼 훗날로 날아가서(머릿속으로) 오늘을 점검해보는 것이다. 과연 조기퇴사해야 할지 말아야 할지, 이직한다면 어떻게 해야 할지 망설여질 때는 훌쩍 미래로 떠나서 오늘을 판단해보는 것이다. 훗날에 오늘을 바라볼 때 과연 후회할 것인지 아닌지를 분석해보고 후회를 최소화하는 것이 현명하지 않겠는가.

자, 당신의 계산은 어떻습니까?

3
퇴사 준비는 입사 준비보다
더 치밀하게 해야 한다

| 중요한 것은 입사지만 더 준비해야 할 것은 퇴사다

입사와 퇴사, 어느 쪽이 더 중요할까? 이건 어리석은 물음이다. 비교할 수가 없다. 당연히 입사가 중요하다. 그것은 인생 전체를 좌우할 수 있기 때문이다. 그러나 입사 준비와 퇴사 준비를 놓고 비교하면 어느 쪽에 더 신경 쓸 부분이 많은지 선명하게 드러난다.

우리는 입사를 위해 수년간 준비하고 공부한다. 입시와 취업 준비는 우리 인생에서 중요한 과업이며 많은 시간과 노력을 투자한다. 대학에 입학하기 위해 열심히 공부하고, 졸업 후 원하는 직장에 들어가기 위해 스펙을 쌓고, 다양한 경험을 쌓기 위해 부단히 노력한다. 이러한 과정은 우리의 미래를 위해 꼭 필요한 것이지만 따지고 보면 입사 준비는 단순하다.

입사는 새로운 시작을 의미한다. 첫 출근 날 우리는 긴장과 기대를 안고 새로운 업무 환경에 적응하기 위해 노력한다. 입사 과정은 대개 비교적 짧은 시간 내에 이루어지며 면접과 같은 선발 과정을 거쳐 회사에 들어간다. 물론 입사 준비 역시 중요하다. 이력서 작성, 면접 준비, 기업 분석 등 다양한 준비 과정을 거친다. 하지만 입사는 일반적으로 미래를 향한 긍정적인 기대와 가능성에 초점을 맞추고 있어서 그 과정이 비교적 단순할 수 있다. 입사는 새로운 기회를 잡고, 자기 능력을 발휘하고, 성장을 도모하는 단계이다. 새로운 업무 환경에서의 적응, 동료들과의 관계 형성, 직무 수행 능력 향상 등 입사 후에는 새로운 과제를 마주하게 된다.

입사는 일정한 루틴과 정해진 절차를 따라 이뤄진다. 일단 입사한 후에도 여러 가지 안전망이 기다린다. 회사는 신입사원을 위해 체계적인 교육 프로그램을 제공하고 멘토링 시스템을 통해 적응을 돕는다. 신입사원은 회사의 지침에 따라 점진적으로 직무에 익숙해지며 동료들과 협력하며 업무를 수행한다. 회사라는 큰 울타리 속에서 방침에 따라 움직이면 된다.

그러나 퇴사는 전혀 다르다. 퇴사 후에는 자기 스스로 모든 것을 해결해야 하며 그 과정에서 많은 어려움에 직면할 수 있다. 예기치 못한 문제들이 발생할 수 있고 해결하는 데 자신의 역량과 자원이 필요하다.

실제로 입사 준비보다 더 복잡하고 다양한 것이 퇴사 준비다. 퇴사는 단순히 직장을 떠나는 것을 넘어 새로운 인생의 장을 여는 과정이기 때문이다. 그래서 퇴사는 입사보다 몇 배 더 치밀하게 준비해야 한다고 강조하고 싶다.

| 미래를 설계하는 퇴사가 입사보다 더 철저해야 한다

퇴사는 입사보다 훨씬 더 복잡하고 신중하게 준비해야 한다. 퇴사는 단순히 회사를 떠나는 것이 아니라 지금까지 쌓아온 커리어의 마무리이자 새로운 시작을 준비하는 과정이다. 퇴사를 결정할 때는 자신의 경제적 상황, 미래 계획, 가족의 의견 등 여러 가지 요소를 종합적으로 고려해야 한다. 특히 정년퇴직의 경우 은퇴 후의 삶을 어떻게 설계할지 어떤 취미나 활동으로 시간을 보낼지 등 구체적인 계획이 필요하다. 정년퇴직은 장기적인 관점에서 삶의 질을 향상하기 위한 중요한 전환점이기 때문에 철저히 준비하지 않으면 은퇴 후의 삶이 불안정해질 수 있다.

퇴사 과정은 심리적으로도 큰 영향을 미친다. 오랜 기간 몸담았던 직장을 떠나는 것은 감정적으로 힘들 수 있으며 이는 자신의 정체성과도 밀접한 관련이 있다. 퇴사를 준비하면서 이러한 심리적 변화를 예상하고 극복할 방법을 찾는 것이 중요하다. 퇴사 후에는 자기 삶의 목적과 목표를 재정립하는 과정이 필요하다. 또한 동료들과의 관계 정리, 후임자에게 업무 인수인계 등을 통해 원만한 마무리를 할 수 있도록 준비해야 한다. 이는 직장에서의 마지막 인상을 남기는 것이기도 하며 미래의 인맥 형성에도 큰 영향을 미친다.

경제적 측면에서도 퇴사는 입사의 경우와 비교가 안 된다. 입사할 때는 주로 월급날을 기다리며 미래에 대한 희망을 품고 경제적 여유를 기대하지만 퇴사할 때는 그 이후의 생활을 어떻게 꾸려나갈지에 대한 고민이 크다. 미래는 희망보다 걱정이 앞선다. 따라서 철저한 계획이 필요하다. 퇴직금, 연금, 저축 등 경제적 자산을 어떻게 관리할지 미리 준비하지 않으면 퇴사 후 경제적 불안정에 직면할 수 있다. 그러므로 퇴사 전에는 금융 공부를 해야 하며 재정 상담을 받거나 재정계획을 세우는 것이 필수적이다. 예를 들어 퇴직 후의 생활비, 건강 보험, 세금 문제 등을 철저히 따져봐야 한다. 경제적 준비가 부족하면 퇴사 후 생활의 질이 크게 떨어질 수 있다.

또한 퇴사는 새로운 기회를 모색하는 시간이기도 하다. 퇴사 후에는 새로운 직장으로 이직하거나 창업하거나 새로운 공부를 시작하는 등 다양한 길을 선택할 수 있다. 이러한 새로운 기회를 위해서는 퇴사 전부터 자신의 역량을 개발하고, 필요한 자격증을 취득하거나, 인맥을 쌓아두어야 한다. 퇴사를 단순히 현재의 직장을 떠나는 것으로만 생각한다면 미래를 위한 준비가 부족할 수밖에 없다. 예를 들어 새로운 분야로 전환을 꿈꾼다면 해당 분야에 관한 공부와 경험을 쌓는 것이 필수다. 이는 퇴사 후 새로운 시작을 원활하게 할 수 있도록 도와줄 것이다.

퇴사는 또한 자신의 커리어를 평가하고 미래의 방향을 재설정할 기회를 제공한다. 현재의 직장에서 얻은 경험과 지식을 바탕으로 자신이 앞으로 무엇을 하고 싶은지, 어떤 방향으로 나아가고 싶은지를 깊이 고민하게 된다. 이러한 고민과 준비는 퇴사 후의 삶을 더욱 풍요롭고 의미 있게 만드는 데 큰 도움이 된다. 따라서 퇴사는 입사보다 몇 배 더 치밀하게 준비해야 한다. 이는 퇴사가 단순히 직장을 떠나는 것을 넘어 새로운 인생의 장을 여는 중요한 과정이기 때문이다. 경제적, 심리적, 사회적 측면에서 철저히 준비하고 계획해야만 퇴사 후의 삶을 풍요롭고 안정적으로 설계할 수 있다.

4
자신을 냉정히 분석하고 난 뒤
나아갈 방향을 정해라

정년퇴직이든 자발적 조기퇴사든 퇴사 과정에서 자신을 냉정하게 분석하는 일은 무엇보다 중요하다. 소크라테스가 "너 자신을 알라."라고 했듯이 퇴사라는 큰 변화 앞에서 자신을 냉정하게 분석하는 일은 성공적인 퇴사와 이후의 삶에 큰 영향을 미칠 수 있다.

퇴사를 앞두고 가장 먼저 해야 할 일은 자신의 가치관과 목표를 재점검하는 것이다. 직장생활을 하면서 쌓아온 경험, 지식, 그리고 그 과정에서 형성된 가치관을 자세히 검토해야 한다. 내가 어떤 일을 할 때 가장 큰 만족감을 느끼는지, 직업적 목표와 개인적 목표가 무엇인지, 그리고 중요하게 생각하는 가치는 무엇인지를 스스로 물어봐야 한다. 이러한 질문들을 통해 자신의 가치관과 목표를 명확히 함으로써 퇴사 후의 계획을 세우는 데 중요한 지침을 얻을 수 있다.

예를 들어 안정된 환경에서 일하는 것을 좋아하는 사람이라면 큰 변화보다는 일관된 직무를 선택하는 것이 좋을 수 있다. 반면 변화를 즐기고 새로운 도전을 선호하는 사람이라면 창업이나 프리랜서와 같은 더 자유로운 직업을 선택할 수도 있다.

자신의 가치관과 목표를 재점검하는 과정에서는 과거의 경험을 돌아보는 것도 유용하다. 직장에서 어떤 프로젝트나 업무를 수행했을 때 가장 큰 성취감을 느꼈는지, 어떤 상황에서 가장 큰 스트레스를 받았는지를 생각해봐야 한다. 그럼으로써 내가 진정으로 원하는 것이 무엇인지, 어떤 방향으로 나아가야 할지를 더 명확하게 알 수 있다. 예를 들어 특정 프로젝트에서 협업할 때 큰 만족감을 느꼈다면 그와 유사한 일을 찾거나 협업의 기회를 더 많이 가질 환경을 모색할 수 있다. 반대로 혼자서 문제를 해결하는 과정에서 큰 성취감을 느꼈다면 그에 맞는 직무나 역할을 탐색할 수 있다.

| 퇴사 전 자신의 강점과 약점을 분석해야 한다

자신의 강점과 약점을 분석하는 것도 중요한 과정이다. 이는 새로운 경로를 모색할 때 큰 도움이 된다. 자신의 직업적 기술, 경험, 그리고 개인적 성향을 자세히 분석하여 어떤 분야에서 강점을 발휘할 수 있을지, 어떤 부분에서는 추가적인 학습이나 개선이 필요한지 파악해야 한다. 내가 잘하는 것이 무엇인지, 내가 더 발전시켜야 할 부분은 무엇인지 스스로 물어보는 것이 한 방법이다. 이러한 자기 분석을 통해 새로운 경로를 설계할 때 자신감과 방향성을 얻을 수 있다.

강점과 약점을 분석하는 과정에서는 주변 사람들의 피드백을 받는 것도 도움이 된다. 내가 신뢰할 수 있는 가족, 친구, 동료 등에게 내 강점과 약점에 관해 물어보는 것이 한 방법이다. 그들의 의견을 통해 내가 미처 인식하지 못했던 부분을 알게 될 수도 있다. 또한 이러한 피드백을 바탕으로 자신을 객관적으로 평가하고 필요한 경우 전문가의 도움을 받아 더 깊이 있는 분석을 시도해볼 수도 있다. 예를 들어 경력 컨설턴트와 상담하여 자신의 직업적 특성과 가능성을 더 정확하게 파악할 수 있다.

또한 자기 경력과 직무 능력을 객관적으로 평가해봐야 한다. 나는 지금까지 어떤 업무를 수행해왔는가? 나는 그 업무를 수행하는 데 얼마나 능숙했는가? 이렇게 과거의 성과와 실패를 모두 종합적으로 분석하면서 어떤 상황에서 최상의 성과를 내는지, 반대로 어떤 상황에서 어려움을 겪는지를 파악해야 한다. 이는 자신의 강점과 약점을 명확히 인식하는 데 도움이 되며 미래의 방향성을 설정하는 데 중요한 기준이 된다. 예를 들어 관리직에서 뛰어난 성과를 냈다면 앞으로도 비슷한 직책에서 경력을 이어나갈 수 있을 것이다. 반대로 창의적인 작업에서 두각을 나타냈다면 그 방향으로 커리어를 발전시켜나갈 수 있을 것이다.

이직경쟁력과 은퇴경쟁력은 과연 어떤지를 점검하는 것도 필수다(이직경쟁력과 은퇴경쟁력에 대해서는 별도의 장에서 다룬다). 예컨대 현재의 경제적 상황을 철저히 평가해보는 것이 이직경쟁력과 은퇴경쟁력을 점검하는 방법의 하나다. 퇴사 후에는 경제적 안정이 큰 문제로 다가올 수 있어서 재정 상태를 자세히 점검해야 한다. 퇴직금을 포함한 자산, 부채, 월별 지출 등을 상세히 검토하여 향후 생활비를 어떻게 충당할지 계획을 세워야 한다. 현재 내가 가진 자산은 어느 정도인지, 월별 고정 지출과 변동 지출은 어떻게 구성돼 있는지, 그리고 퇴사 후 일정 기간의 생계비를 어떻게 마련할 것인지 등을 철저히 따져봐야 한다. 이러한 경제적 평가를 통해 현실적인 재정계획을 수립하고 불필요한 재정적 스트레스를 줄일 수 있다.

또한 가족과 주변 사람들의 지지를 받고 있는지도 냉정히 평가해야 한다. 퇴사는 개인적인 결정이지만 그 영향은 가족과 가까운 사람들에게도 미칠 수 있다. 따라서 이들과 충분히 상의하고 그들의 의견을 듣는 것이 필요하다. 가족의 이해와 지지는 새로운 도전을 하는 데 큰 힘이 되며 심리적인 안정감을 제공해줄 수 있다. 특히 정년퇴직 후에는 가족과 더 많은 시간을 보내게 되므로 가족의 지지와 이해는 더욱 중요하다. 가족과의 긴밀한 소통을 통해 퇴사 후의 삶을 더 풍요롭게 만들 수 있을 것이다.

| 퇴사 후의 미래에 대한 비전을 구체화해야 한다

자신을 냉정하게 분석하는 과정에서 중요한 또 다른 측면은 자신의 미래에 대한 비전을 구체화하는 것이다. 나는 앞으로 어떤 삶을 살고 싶은가? 퇴사 후에 이루고 싶은 목표는 무엇인가? 이를 위해 필요한 자원과 능력은 무엇인가? 이러한 질문들을 통해 미래에 대한 구체적인 계획을 세우는 것이다. 미래에 대한 명확한 비전은 목표를 이루기 위한 동기부여가 되며 계획을 실행하는 데 방향성을 제시해준다. 이는 단순히 꿈을 꾸는 것이 아니라 현실적인 목표를 설정하고 이를 이루기 위한 구체적인 계획을 세우는 과정이다.

또한 퇴사 후의 삶을 계획하는 데 다양한 가능성을 열어두는 것도 좋다. 한 가지 계획에만 집착하지 말고 여러 가지 대안을 고려해보는 것이 유익하다. 예를 들어 새로운 직장을 찾는 것 외에도 프리랜서로서 일하거나 창업을 고려해볼 수 있다. 또한 자원봉사나 사회 활동을 통해 새로운 경험을 쌓는 것도 좋은 방법이다. 다양한 가능성을 열어두면 예상치 못한 기회가 찾아왔을 때 더 유연하게 대처할 수 있다.

자신을 냉정하게 분석하는 과정은 지속적인 자기 성찰과 학습을 요구한다. 이는 한 번에 끝나는 과정이 아니라 지속해서 자신을 돌아보고 발전시켜나가는 과정이다. 새로운 도전을 하면서 자신에게 부족한 부분을 채워나가고 새로운 기술과 지식을 습득하는 것이 중요하다. 이를 통해 퇴사 후에도 지속해서 성장하고 발전할 수 있을 것이다.

마지막으로 퇴사 후의 미래 계획과 목표를 명확히 설정해야 한다. 이는 구체적이고 실현할 수 있는 계획을 세우는 데 도움이 된다. 단기 목표와 장기 목표를 모두 설정하고 달성하기 위한 구체적인 계획을 세워야 한다. 퇴사 후에 내가 이루고 싶은 구체적인 목표가 무엇인지, 이를 달성하는 데 필요한 단계는 무엇인지, 내가 앞으로 추구할 직업적 경로는 무엇인지 등을 고민해봐야 한다. 미래에 대한 명확한 비전을 가지고 있을 때 퇴사라는 큰 변화를 더 긍정적으로 받아들이고 성공적인 전환을 이룰 수 있는 것이다.

미래 계획과 목표를 설정하는 과정에서는 현실적인 측면을 충분히 고려해야 한다. 내가 설정한 목표가 실현 가능한지, 달성하는 데 필요한 자원과 시간은 어느 정도인지 등을 현실적으로 평가하는 것이다. 또한 목표를 달성하는 데 필요한 기술이나 지식을 습득하는 데 투자할 필요가 있다. 예를 들어 새로운 분야로 전환하려는 경우 해당 분야에 대한 교육이나 훈련을 받는 것이 좋다. 또한 관련 자격증을 취득하거나 실무 경험을 쌓는 것도 중요한 준비 과정이 될 수 있다.

이처럼 자신을 냉정하게 분석하는 과정은 때로는 어려울 수 있다. 자신의 약점을 직시하는 것은 고통스러울 수 있고 앞으로의 삶에 대한 불확실성은 두려움을 불러일으킬 수 있다. 그러나 이러한 과정은 퇴사 후의 삶을 더욱 풍요롭게 만들기 위한 필수적인 단계이다. 자신의 강점과 약점을 명확히 인식하고, 자신의 성격과 가치관을 깊이 탐구하고, 건강과 재정을 철저히 준비하는 것 등은 성공적인 퇴사의 시작이다. 이는 단순히 직장을 떠나는 것이 아니라 자신의 삶을 새롭게 재설계하는 과정이며 그 끝에는 더 나은 자신과의 만남이 기다리고 있을 것이다.

5
방향을 잃지 않도록 퇴사 전에
장단기 목표를 세워라

퇴사 이후의 삶을 설계하는 데 목표 설정은 단순히 미래를 계획하는 것을 넘어 삶에 활력을 불어넣고 지속적인 성취감을 느끼게 하는 중요한 과정이다. 퇴사라는 전환점은 우리에게 새로운 기회를 제공한다. 퇴사를 잘 활용하기 위해서는 명확한 장기목표와 단기목표를 설정하는 것이 필요하다.

| 장기목표는 우리가 어디로 가는지 알려주는 나침반이다

먼저 장기목표 설정의 중요성과 방법에 대하여 알아보자. 장기목표는 몇 년에서 몇십 년 후의 미래를 내다보며 설정하는 큰 그림이다. 이는 우리 삶의 방향성을 결정짓는 중요한 요소로, 개인의 가치관과 삶의 철학을 반영한다.

장기목표가 중요한 이유는 명확하다. 장기목표는 우리가 어디로 가고 있는지를 알려주는 나침반과 같다. 삶의 다양한 순간에서 올바른 결정을 내리기 위해서는 명확한 방향이 필요하다. 장기목표는 우리가 방향을 잃지 않도록 도와준다. 또한 장기목표는 우리에게 끊임없는 동기부여를 제공한다. 때로는 일상에서 지치고 힘들때도 있지만 멀리 있는 목표를 생각하며 다시 일어설 힘이 생긴다. 아울러 장기목표는 삶의 의미와 목적을 부여한다. "목표 없는 삶은 방향 없는 항해와 같다."라는 말처럼 목표가 없는 삶은 방황하기쉽다.

그런 장기목표는 어떻게 설정할까? 목표를 설정하는 방법에는 몇 가지 중요한 단계가 있다. 무엇보다도 자신의 가치와 열정을 탐구해야 한다. 진정으로 자신을 행복하게 하고 의미를 느끼게 하는 것이 무엇인지 깊이 고민해보는 시간이 필요하다. 예를 들어 여행을 좋아하는 사람이라면 "세계 일주를 한다."라는 장기목표를 세울 수 있을 것이다. 또한 장기목표라 할지라도 목표를 구체적이고 명확하게 설정해야 한다. 목표가 모호하면 이를 이루기 위한 계획을 세우기 어렵고 동기부여도 떨어질 수 있다. 예를 들어 "언젠가 좋은 사람이 되고 싶다."보다는 "5년 안에 지역사회 봉사활동을 통해 500명의 삶에 긍정적인 변화를 준다." 같은 구체적인 목표가 필요하다. 이뿐만 아니라 목표를 세울 때는 큰 목표를 실현할 수 있는 작은 단계로 나누어야 한다. 예를 들어 "은퇴 후 건강하게 지낸다." 라는 목표를 위해 "매일 30분 운동하기." "매년 건강검진 받기." "건강한 식습관 유지하기." 등의 작은 목표로 나눌 수 있다.

| 단기목표는 즉각적인 피드백을 통해 성취감을 높인다

다음은 단기목표 설정의 중요성과 방법론이다. 단기목표는 비교적 짧은 기간 내에 달성할 수 있는 구체적인 과제들이다. 단기목표는 장기목표를 이루기 위한 발판이 되며 일상의 성취감을 제공한다. 우리의 동기부여를 지속해서 유지하고 목표를 향해 나아가는 과정을 더욱 즐겁게 만들어준다.

단기목표의 중요성 역시 분명하다. 단기목표는 즉각적인 피드백을 제공해 우리의 성취감을 높인다. 작은 목표를 달성함으로써 지속해서 동기부여를 받을 수 있는 것이다. 또한 단기목표는 장기목표 달성의 기초가 된다. 큰 목표를 이루기 위해서는 작은 단계들이 필수적이다. 그에 더하여 단기목표는 우리의 일상을 구조화하고 생산성을 높인다. 명확한 목표가 있으면 하루하루를 더 효율적으로 보낼 수 있음은 당연하다.

단기목표를 설정하는 방법에도 몇 가지 중요한 원칙이 있다. 첫째, SMART 원칙을 활용하는 것이 유용하다. SMART 원칙은 구체적이고Specific, 측정할 수 있고Measurable, 달성할 수 있고Achievable, 관련성 있고Relevant, 시기적절한Time-bound 목표를 설정하는 것이다. 예를 들어 "매일 30분씩 운동하기."라는 단기목표는 구체적이고, 측정할 수 있고, 달성할 수 있고, 건강과 관련이 있으며 시기적절한 목표가 된다. 둘째, 현실적인 계획을 세워야 한다. 너무 높은 목표를 설정하면 좌절할 수 있고 너무 낮은 목표는 도전 의식을 떨어뜨릴 수 있다. 처음 운동을 시작하는 사람이라면 "매일 2시간 운동하기."보다는 "매일 30분 운동하기."가 더 현실적일 것이다. 셋째, 목표 달성을 위한 구체적인 행동 계획을 세워야 한다. 매일 30분 운동하겠다는 목표를 달성하기 위해서는 운동 시간을 미리 정하고, 필요한 운동 도구를 준비하며 운동 계획을 세워야 한다.

장기목표와 단기목표는 서로 상호보완적인 관계에 있다. 장기목표는 우리의 삶의 방향성을 제시하고 단기목표는 그 방향성을 실현하기 위한 구체적인 단계를 제공한다. 은퇴 후 평화롭고 건강한 삶을 살고 싶다는 장기목표가 있다면 규칙적인 운동, 건강한 식습관, 정기적인 건강검진 등의 단기목표가 필요하다. 단기목표를 하나씩 달성해나가면서 장기목표에 한 걸음 더 다가갈 수 있는 것이다.

이렇듯 목표를 설정하고 계획을 잘 세우는 것은 퇴사 이후의 삶을 설계하는 데 매우 중요하다. 목표 설정의 중요성에 대해서는 위대한 지도자나 사상가들도 강조했다. 아리스토텔레스는 "목표는 원하는 것을 얻기 위한 시작점이다. 목표를 설정하고 달성하기 위한 계획을 세우면 인생은 훨씬 더 의미 있고 목표 지향적이 된다." 라고 말했다. 또한 헬렌 켈러는 "세상에서 가장 아름다운 것은 볼 수도 없고 만질 수도 없다. 그것은 오직 마음으로 느낄 수 있다."라고 하며 우리가 진정으로 원하는 목표는 우리의 마음속 깊은 곳에 있음을 강조했다.

퇴사 이후의 목표를 잘 설정함으로써 우리의 삶에 많은 긍정적인 변화를 불러올 수 있다. 목표 설정은 우리에게 명확한 방향성을 제공하여 혼란스러운 시기에 불안감을 감소시키고 안정감을 준다. 또한 목표를 설정함으로써 동기부여를 유지하고 지속적인 성취감을 느끼게 한다. 아울러 목표 설정은 우리를 더 나은 사람으로 성장하게 한다. 목표를 달성하기 위해 노력하는 과정에서 새로운 기술과 지식을 습득하고 자신감을 키울 수 있는 것이다. 그럼으로써 목표 설정은 우리 삶의 질을 향상하며 명확한 목표를 가지고 노력하는 과정은 삶을 더욱 의미 있고 만족스럽게 만든다.

목표 설정은 단순히 이루고자 하는 바를 정하는 것을 넘어 삶을 적극적이고 창의적으로 만들어가는 과정이다. 퇴사 이후의 새로운 출발을 더욱 빛나게 하려면 목표 설정의 중요성을 깊이 인식하고 실천해나가자.

6

퇴사 전 재정계획을 잘 짜고
금융 지식을 공부해라

퇴사를 결심할 때 중요한 요소 중 가장 핵심적인 것은 무엇일까? 사람마다, 또는 상황에 따라 다를 수 있지만 아마도 재정 상태가 첫손가락에 꼽힐 것이다. 뭐니 뭐니 해도 '돈' 문제가 핵심이 될 것이다. 이는 정년퇴직이든 자발적인 퇴사든 마찬가지다. 재정 상태가 어떠냐에 따라 퇴사를 할 수 있는지와 이후의 생활이 어떻게 될 것인지가 결정된다. 따라서 퇴사를 고려할 때는 먼저 자신의 재정을 자세히 분석하고 이후의 재정계획을 철저히 세우는 것이 필수적이다.

먼저 재정 분석은 현재의 재정 상태를 명확히 파악하는 것으로부터 시작된다. 현재 보유한 자산과 부채를 철저히 조사하는 것을 포함한다. 자산에는 현금, 예금, 주식, 부동산, 보험, 연금 등이 포함

될 수 있다. 부채는 주택담보대출, 신용카드 빚, 기타 대출 등이 포함된다. 이러한 자산과 부채를 정확히 파악함으로써 순자산을 계산할 수 있다. 순자산은 총자산에서 총부채를 뺀 금액으로 이는 현재 재정 상태를 가장 잘 보여주는 지표이다.

재정 분석에서 다음으로 중요한 것은 현금 흐름을 파악하는 것이다. 월간 수입과 지출을 분석하는 것으로 현재 생활을 유지하는 데 필요한 비용이 얼마나 되는지를 파악하는 데 도움이 된다. 여기에는 고정비용과 변동비용이 포함된다. 고정비용은 월세, 대출 상환금, 공과금 등 매달 일정하게 나가는 비용을 의미하며 변동비용은 식비, 교통비, 여가비용 등 매달 다르게 나가는 비용을 말한다. 이러한 현금 흐름을 분석함으로써 퇴사 후에도 안정적인 생활을 유지할 수 있는지를 판단할 수 있다.

현금 흐름 분석을 통해 현재의 소비 패턴을 파악한 후에는 지출을 절감할 방법을 모색하는 것도 필요하다. 예를 들어 불필요한 구독 서비스나 멤버십을 취소하거나 식비를 줄이기 위해 외식 횟수를 줄이는 등 작은 변화부터 시작할 수 있다. 또한 에너지 절약을 통해 공과금을 절감하는 것도 좋은 방법이다. 식비나 에너지를 줄인다면 왠지 스스로가 초라하게 느껴질 수도 있다. 그러나 모든 건 현실이다. 이러한 작은 변화들이 모이면 큰 절감 효과를 가져올 수 있다.

| 재정계획은 수입을 창출하고 삶의 활력을 불어넣는다

　자신의 재정 상태에 대한 분석이 끝났다면 다음 단계로 퇴사 후의 재정계획을 세우는 것이다. 이는 퇴사 후의 생활비를 어떻게 마련할 것인지에 대한 구체적인 계획을 포함한다. 퇴직금, 연금, 저축액, 투자 수익 등을 고려하여 월별 수입을 예측하고 그 바탕으로 예산을 세워야 한다. 이때 중요한 것은 비상 자금을 마련하는 것이다. 예기치 않은 상황에 대비하기 위해 최소한 1년 치 이상의 생활비를 비상 자금으로 확보하는 것 등이다. 비상 자금은 언제든지 쉽게 현금화할 수 있는 형태로 보유하는 것이 바람직하다.

　비상 자금 외에도 장기적인 재정계획을 세우는 것이 필요하다. 이는 주택자금, 자녀 교육비, 노후 자금 등을 포함한다. 주택자금의 경우, 주택을 소유하고 있다면 주택 유지 보수비용을 고려해야 한다. 주택을 소유하지 않고 있다면 주택 구매 자금이나 전세 자금을 준비해야 한다. 자녀 교육비의 경우, 자녀가 대학에 다니고 있거나 앞으로 다닐 예정이라면 학비와 생활비를 준비해야 한다. 노후 자금의 경우, 연금 외에도 추가적인 저축이나 투자를 통해 안정적인 노후를 준비해야 한다.

　또한 재정계획에는 퇴사 후에도 지속적인 수입원을 마련하는 것이 포함된다. 이는 퇴사 후의 삶의 질을 유지하는 데 결정적인 사항이다. 예를 들어 퇴사 후에도 할 수 있는 일자리를 찾거나, 사업을 준비하거나, 투자 수익을 통해 수입을 창출하는 방법 등이 있다. 주식, 채권, 부동산, 펀드 등의 투자 상품을 통해 안정적인 수익을 올리는 방법을 미리 연구하고 준비하는 것도 하나의 방법이다.

퇴사 후 일자리를 구할 때는 자기 경력과 능력을 살릴 수 있는 분야를 선택하는 것이 좋다. 예를 들어 기존에 경력을 쌓아온 분야에서 프리랜서로 일하거나, 컨설팅 업무를 하는 것도 좋은 방법이다. 또한 자신의 취미나 특기를 살려 새로운 사업을 시작하는 것도 고려해볼 만하다. 이는 단순히 수입을 창출하는 것뿐만 아니라 퇴사 후의 삶에 활력을 불어넣는 데도 큰 도움이 된다.

| 금융 공부는 아무리 강조해도 지나치지 않다

직장인으로서 퇴사나 노후를 생각한다면 평소에 금융 공부를 해둘 것을 권고한다. 이거 정말 중요한 공부다. 재정 상태를 분석하고 계획을 세우는 데 금융 지식은 필수적이다. 기본적인 금융 지식이 없다면 자산과 부채를 정확히 파악하기 어렵고 현금흐름을 효과적으로 관리할 수 없다. 따라서 퇴사를 고려하는 시점 이전부터 금융 공부를 시작하는 것이 좋다. 금융 공부는 책, 온라인 강좌, 세미나 등을 통해 할 수 있으며 필요하다면 전문가의 도움을 받는 것도 좋은 방법이다.

특히 투자에 관한 공부가 매우 중요하다. 투자 없이 저축만으로는 퇴사 이후를 준비하기에는 역부족인 경우가 많기에 투자에 대한 기본적인 지식과 경험을 쌓아두면 퇴사 후에도 안정적인 수익을 창출할 수 있다. 주식, 채권, 부동산 등 다양한 투자 수단에 관한 공부를 통해 자신의 리스크 성향에 맞는 투자 전략을 세울 수 있게 될 것이다.

주식 투자의 경우, 기업의 재무 상태와 성장 가능성을 분석해야 한다. 단기적인 관점보다 장기적인 관점에서 투자하는 것이 중요하다. 단기적인 시세 차익을 노리기보다는 안정적인 배당 수익을 올릴 수 있는 우량주에 투자하는 것이 바람직하다. 채권 투자의 경우, 이자 수익을 통해 안정적인 현금 흐름을 확보할 수 있다. 특히 국채나 공공채와 같은 안전한 채권에 투자하면 리스크를 줄일 수 있다. 부동산 투자의 경우, 임대 수익을 통해 안정적인 현금 흐름을 확보할 수 있으며 장기적으로 자산 가치 상승을 기대할 수 있다. 다만 부동산 투자는 초기 자금이 많이 필요하고 관리 비용이 발생할 수 있다는 점을 고려해야 한다.

펀드 투자의 경우, 전문가가 운용하는 펀드에 투자함으로써 분산 투자 효과를 얻을 수 있다. 주식형 펀드, 채권형 펀드, 혼합형 펀드 등 다양한 종류의 펀드가 있으며 자신의 투자 성향과 목표에 맞는 펀드를 선택하는 것이 중요하다. 또한 상장지수펀드ETF와 같은 상품을 통해 간편하게 분산 투자를 할 수도 있다.

마지막으로 강조할 점은 재정계획을 세울 때는 현실적인 목표를 설정하라는 것이다. 지나치게 낙관적인 계획보다는 현실적으로 가능한 목표를 세우고 달성하기 위해 노력하는 것이 바람직하다. 또한 계획을 세운 후에는 정기적으로 재정 상태를 점검하고 필요할 때마다 계획을 수정하는 유연성이 필요하다. 투자 성과가 기대에 미치지 못하거나 예기치 않은 지출이 발생할 경우, 계획을 조정하여 새로운 상황에 맞춰야 한다.

퇴사 후의 삶은 재정 상태에 크게 좌우된다. 따라서 퇴사를 고려할 때는 재정 분석과 재정계획 세우기에 충분한 시간을 투자해야 한다. 또한 금융 공부를 통해 재정 관리 능력을 향상하는 것도 잊지 말아야 한다. 이러한 준비가 잘 이루어진다면 퇴사 후에도 안정적이고 행복한 삶을 누릴 수 있을 것이다.

[팁] 자발적 조기퇴사를 위한 체크리스트를 활용하자

자발적 조기퇴사를 선택한다면 다음 사항을 체크해봐야 한다.

1. 재정적인 준비

조기퇴사를 결심하기 전에 가장 먼저 고려해야 할 것은 재정적인 준비다. 현재 자신의 재정 상태를 철저히 검토하는 것이 필수적이다.

2. 커리어 계획

조기퇴사를 결심한 이유가 현재 직장에 대한 불만족 때문이라면, 다음 단계에서 어떤 방향으로 나아갈지 구체적인 계획이 필요하다.

3. 심리적 준비

조기퇴사는 새로운 시작을 의미하지만, 동시에 안정된 환경을 떠나는 것을 의미하기도 한다. 이는 심리적 부담을 초래할 수 있으며 자신이 이러한 변화에 잘 적응할 수 있을지 사전에 충분히 고민해보아야 한다.

4. 가족과의 상의

조기퇴사는 개인의 결정이지만 가족에게도 큰 영향을 미칠 수 있다. 배우자나 자녀와 충분히 상의하고 그들의 지지와 이해를 얻는 것이 중요하다.

5. 일상생활 계획

퇴사 후의 일상생활을 어떻게 구성할지 미리 계획하는 것도 중요하다. 직장을 떠난 후 갑작스러운 시간적 여유는 때로는 혼란스러울 수 있다. 따라서 퇴사 후의 일상을 어떻게 보낼지 구체적으로 계획해두는 것이 좋다.

6. 네트워킹 유지와 확장

퇴사 후에도 이전 직장 동료나 업계 인사들과의 관계를 유지하는 것이 좋다. 이는 향후 새로운 기회를 찾는 데 큰 도움이 될 수 있다. 또한 새로운 사람들을 만나고 다양한 모임이나 세미나에 참여하여 자신의 네트워크를 확장하는 것도 중요하다.

7. 건강관리

퇴사 후에는 신체적 건강과 정신적 건강을 유지하는 것이 더욱 중요해진다. 규칙적인 운동과 균형 잡힌 식사를 통해 신체적 건강을 지키는 것이 필요하다.

8. 학습과 자기계발

조기퇴사는 새로운 학습과 자기계발의 기회로 활용할 수 있다.

자신이 관심 있는 분야나 새로운 기술을 배우기 위해 다양한 교육
프로그램에 참여하는 것이 좋다.

9. 자신에 대한 확신

자신의 결정에 대한 확신을 갖는 것이 중요하다. 조기퇴사는 쉽
지 않은 결정이며 때로는 주변의 반대나 우려를 마주할 수도 있다.
하지만 충분한 준비와 계획을 바탕으로 내린 결정이라면 자신의
선택에 대해 확신하고 나아가는 것이 필요하다.

3장
—
누구나 떠날 때 밀려드는
'심정 관리'가 필요하다

1
평생 직장은 없다는 것을 받아들이자

46세의 데이비드. 그는 한 회사에서 23년이나 장기근속하며 자기 일에 모든 것을 다 바친 사람이다. 회사 일만 열심히 하면 자신과 가족의 미래는 저절로 열린다는 믿음 아래 자기 사업을 하는 것처럼 정성껏 최선을 다해 일했다. 그가 회사에서 승진하며 잘나가자 교사였던 아내는 딸을 낳으면서 퇴직한다.

그러나 얼마 후 불황으로 인하여 회사에 어려움이 닥치고 적대적 기업인수로 매각되면서 상황이 급전직하한다. 모든 중역과 간부는 고용계약이 끝나게 되고 데이비드 역시 해고 통보를 받는다. 그는 별다른 준비도 하지 못한 채 실직하게 되고 퇴직 후 불과 7개월 만에 인생이 거덜 나는 상황에 빠진다. 데이비드는 깊은 좌절과 절망감으로 자살을 생각하며 차를 몰아 고속도로를 달리면서 소리친다. "하느님! 왜 하필이면 나란 말입니까?"

이것은 앤디 앤드루스Andy Andrews가 쓴 책인 『폰더 씨의 위대한 하루』의 앞부분에 나오는 이야기이다. 데이비드 폰더는 미국판 '사오정(45세 정년)'이지만 우리의 현실과 매우 흡사하다. 이런 일이 당신에게 일어나지 않기를 진심으로 바란다. 그러나 그것은 '바람'일 뿐 언제 그런 상황에 맞닥뜨리게 될지 모른다. 각오하고 직장생활을 하는 게 마음 편하다.

상황이 급변해 실직자가 되면 회사에 섭섭함을 느끼게 된다

내가 늘 강조하는 말이 있다. "회사가 당신을 배신한다."라는 말이다. 회사로서는 펄쩍 뛸 소리겠지만 사원의 처지에서는 고개가 끄덕여질 것이다. 현실은 분명히 그렇다. 조직의 생리가 그렇다. 회사가 악덕 기업이고 '심보'가 나빠서 힘없는 사원을 배신하는 게 아니다. 상황이 어쩔 도리 없이 그렇게 전개되는 경우가 많기 때문이다. 입장의 차이에서 발생하는 '오해와 진실'이다.

직장인으로서 가장 중요하게 여기는 '인사'를 예로 들어보겠다. 당신은 가정을 희생하면서까지 회사를 위해 견마지로를 다했다고 생각한다. 한눈팔지 않고 오직 일에만 매달려 청춘을 바쳤다고 생각한다. 그래서 회사로부터 그에 상응하는 대우를 받기를 원한다. 인사철이 다가오고 승진 이야기가 나오면 이번의 인사에서 당신이 승진하는 것이 순리라고 여긴다. "나보다 더 고생하며 열심히 일한 사람이 있으면 나와보라."라고 큰소리치고 싶을 것이다.

그러나 회사로서는 그게 아니다. 회사와 당신은 눈높이가 다르고 시각이 다르다. 입장이 다르다. 회사의 위치에서 보면 당신만큼 일한 사람은 많다. 일 처리의 탁월함은 물론이고 미래의 기여도나 성장 가능성까지 고려하면 당신보다 나은 사람이 있는 것이다. 수치로 계량할 수 없는 충성도까지 고려한다면 당신의 서열은 훨씬 더 밀려날 수 있다. 자리는 한정되어 있고 사람은 넘쳐난다. 그래서 당신을 승진시킬 수 없다. 당신이 CEO라면 어떻게 하겠는가?

인사 발령이 났을 때 당신은 크게 실망할 것이다. "탈락하다니, 세상에! 어쩌면 이럴 수가……."라고 하며 배신감을 느낄 것이다. 당신만 그런 게 아니다. 인사에서 탈락한 사람은 거의 예외 없이 불만을 말한다. "이건 인사도 아니다."라고 한다. "무슨 놈의 인사가 그따위냐?" "원칙도 없고 제멋대로다." "줄을 잘 선 사람만 되고 배경 없고 힘없는 사람은 아무것도 안 된다."라고 비난한다. 심하면 '개판'이라고 욕지거리하기도 한다. 회사로부터 배반당했다고 생각한다. 반면에 승진이 된 사람은 회사에 크게 고마워할까? 아니다. 자기가 승진한 것은 당연한 것으로 받아들인다.

'인사'를 예로 들었지만 그 외에도 회사가 섭섭하게 느껴지는 경우는 많다. 앞의 폰더 씨처럼 구조조정이라는 이름으로 당신을 아예 회사 밖으로 내몰 수도 있다. 폰더 씨의 경우는 적대적 기업인 수라는 피할 수 없는 상황으로 예고된 것이기에 절망은 할지언정 배신감은 별로 들지 않을 것이다.

그러나 많은 경우, 자신이 정리해고나 구조조정의 대상이 될 것이라고는 꿈에도 생각하지 않다가 갑자기 실직자로 내몰린다. 이쯤되면 배신감을 아니 느낄 수가 없다. 말 그대로 "왜 하필이면 나란 말입니까?"라는 폰더 씨의 외침은 바로 당신의 절규가 될 것이다.

설령 회사의 규정에 따른 정년을 다 채우고 물러나더라도 마음한구석에 섭섭함은 있게 마련이다. 남은 생을 살아가기에 태부족한 퇴직금도 불만일 것이고 가족들 이상으로 많은 시간을 함께했던 상사나 후배들의 태도도 섭섭할 것이다. 원래 인간의 심리가 그렇다. 그러니 배신감을 느끼기에 충분하다.

| 어느 때 퇴사당하더라도 끄떡없도록 준비해야 한다

이처럼 회사는 당신을 배신한다. 아니, 당신이 그렇게 느낀다. 당신은 회사에 대하여 언제 어디서 무엇으로 어떻게 이바지하였는지 상세히 기억하지만 회사는 기억력이 좋지 못하다. 당신이 과거에 발휘했던 '혁혁한' 공로를 금세 잊어버린다. 아니, 기억하더라도 그것은 지난 일일 뿐이다. 그러니 "열심히 일한 당신, 이제는 떠나라." 라며 냉정하게 등을 돌리게 된다.

조직은 당신 한 사람만을 위해서 존재하지 않는다. 그렇다고 당신이 그 회사의 유일한 대안도 아니다. 당신이 없어도 회사는 잘 굴러간다. 당신이 없더라도 회사는 잘 굴러가야 한다.

일정 기간 또는 일정 범위 내에서는 조직이 당신을 보호하는 큰 울타리 역할을 해줄 것이다. 그러나 역할에는 한계가 있고 시효가 있다. 그것을 벗어나면 그 울타리는 오히려 당신을 배척하는 담장이 되고 만다. 그래서 배신감을 느끼게 되는 것이다.

앞으로 노동시장의 유연성이 높아질수록 그런 상황은 더욱 빈번해지고 그런 느낌 또한 훨씬 더 받게 될 것이다. 끈끈한 정情의 문화를 바탕으로 하는 한국인의 정서로 봐서는 참 정나미 떨어지는 이야기이다.

그러나 어쩌겠는가? 그것이 현실인 것을. 그런 냉엄한 현실을 모르고 '직장이 나를 기억하고 상사와 후배들이 늘 함께할 것'이라고 착각한 당신이 오히려 문제가 있는 것이다. 사정이 이런 줄을 안다면 어떻게 해야 하는가? 배신에 대비해야 한다. 어느 때 퇴사를 당하더라도 끄떡없도록.

2
해고 통보를 받아도
프로페셔널하게 처신하자

직장생활을 하다 보면 어느 날 직장으로부터 해고 통보를 받는 경우가 있다. 특히 임원급의 간부에 이르면 현실적으로 갑자기 퇴사를 명령받는 경우가 비일비재하다. 제발 그런 일이 없기를 바라지만 앞에서 봤던 데이비드 폰더 씨 같은 상황에 놓일 수 있다. 그는 외쳤다. "하느님! 왜 하필이면 나란 말입니까?"라고.

그런다고 상황은 달라지지 않는다. 갑작스레 해고 통보를 받는 상황은 누구에게나 충격적인 경험일 수 있다. 그러나 이러한 상황에서도 프로페셔널하게 처신하는 것이 중요하다. 어차피 상황은 막판에 이른 것임을 어쩌랴. 이렇듯 직장으로부터 갑자기 해고 통보를 받았을 때 어떻게 처신해야 하는지를 살펴보자.

│ 해고 통보에 분노하지 말고 차분하게 피드백을 받아라

우선 첫 반응이 중요하다. 고함을 치며 따져봤자 상황은 되돌릴 수 없다. 이럴 때는 거꾸로 감정을 절제하고 침착하게 받아들이는 게 옳다. 퇴사 통보를 받았을 때 가장 먼저 해야 할 일은 감정을 즉시 드러내지 않는 것이다. 놀라거나 화를 내기보다는 침착하게 상황을 받아들이는 것이 중요하다.

갑작스러운 통보에 당황하거나 분노를 표출하면 자신을 비전문적으로 보이게 할 수 있다. 또한 이런 반응은 상황을 더 악화시킬 수 있다. 반대로 차분한 태도를 유지하면 자신이 준비된 사람임을 보여줄 수 있다. 이는 동료와 상사에게 신뢰를 유지하는 데 도움이 되며 이후의 대화에서도 유리한 위치를 점할 수 있게 해준다.

퇴사 통보를 받은 다음 단계로 왜 자신이 퇴사 통보를 받았는지 명확히 파악하는 것도 필요하다. 회사 측에 차분하게 질문하고 가능한 한 구체적인 피드백을 요청해야 한다. 이는 단순히 호기심을 충족시키기 위한 것이 아니라 자신의 직무 수행에서 부족했던 점을 확인하고 앞으로의 경력에 도움이 될 수 있는 교훈을 얻기 위함이다. 예를 들어 회사의 방향성 변화나 경영환경의 변동 등 외부 요인 때문인지, 혹은 자신의 업무 성과나 태도에 문제가 있었는지 알아야 한다. 이러한 피드백을 통해 자신의 강점과 약점을 보다 명확히 이해할 수 있으며 이는 향후 경력 개발에 큰 도움이 된다.

| 필요한 정보를 파악하고 다음 단계를 계획해야 한다

다음으로 할 일은 실질적인 것이자 현실적인 것이다. 즉 법적 권리와 혜택 챙기기다. 퇴사 통보를 받은 직후에는 자신의 권리를 정확히 이해하고 보호하는 것이 필요하다. 계약서나 고용 조건을 다시 한번 확인하고 퇴사 절차에 따른 법적 권리와 혜택을 챙겨야 한다. 예를 들어 퇴직금, 미지급 급여, 연차 수당 등의 보상을 명확히 확인하는 것이다. 또한 회사 측에서 제공하는 경력 지원 프로그램이나 아웃플레이스먼트 서비스도 확인해볼 필요가 있다. 필요한 경우에는 노동법 전문가나 변호사의 도움을 받아 자신의 권리를 최대한 보호하는 것도 중요하다. 이를 통해 예상치 못한 경제적 손실을 최소화하고 새로운 시작을 위한 준비를 할 수 있다.

다음으로 중요한 것은 동료들과의 관계를 정리하는 것이다. 갑작스러운 퇴사 통보에도 불구하고 동료들과 좋은 관계를 유지하려 노력해야 한다. 이를 위해 개인적으로 감사 인사를 전하거나 작별 인사를 하는 시간을 가지는 것이 좋다. 이러한 태도는 직장에서의 평판을 유지하는 데 도움이 될 뿐 아니라 나중에 다시 만나게 될지도 모르는 동료들과의 관계를 긍정적으로 유지하는 데 유리하다. 예를 들어 이메일이나 메모를 통해 감사의 말을 전하거나 작별 파티를 주선하는 것도 좋은 방법이다.

퇴사 후에는 자기 경력과 다음 단계를 계획하는 시간을 가져야 한다. 갑작스러운 변화에 당황하지 말고 자신이 가진 전문성과 경험을 다시 한번 되짚어보며 향후 진로를 고민해야 한다. 이는 단순히 새로운 직장을 찾는 것이 아니라 자기 경력을 재평가하고 앞으로 나아갈 방향을 설정하는 중요한 과정이다. 예를 들어 자신의 전문성을 강화하기 위해 추가적인 학습이나 자격증 취득을 고려할수 있다. 또한 경력 코치나 멘토의 도움을 받아 자신의 강점과 약점을 분석하고 그에 기반한 경력 개발계획을 세우는 것도 좋은 방법이다. 이를 통해 더욱 체계적으로 미래를 준비할 수 있다.

　마지막으로 새로운 기회를 모색하는 데 주저하지 말아야 한다. 갑작스러운 퇴사는 새로운 시작을 알리는 기회가 될 수도 있다. 자신의 네트워크를 활용해 새로운 직장을 찾거나 창업을 고려해보는것도 한 방법이다. 중요한 것은 긍정적인 마인드를 유지하며 자신이 원하는 방향으로 나아가는 것이다. 예를 들어 이전에 도전해보고 싶었던 분야에 관해 탐구하거나 새로운 기술을 배우는 것에 도전해 볼 수 있다. 또한 네트워킹 이벤트나 세미나에 참석하여 새로운 사람들을 만나고 다양한 기회를 탐색하는 것도 도움이 된다. 이러한 과정을 통해 자신을 성장시키고 더 나은 미래를 위한 준비를할 수 있다.

　갑작스러운 퇴사 통보를 받는 상황에서도 프로페셔널하게 처신하는 방법은 여러 가지가 있다. 특히 가족과의 소통도 중요하다. 퇴사는 개인뿐만 아니라 가족에게도 큰 영향을 미칠 수 있다. 따라서 가족과의 긴밀한 소통을 통해 현재 상황을 공유하고 함께 해결책을 모색해야 한다. 가족의 지지와 이해는 큰 힘이 될 수 있으며 어려운 상황을 극복하는 데 큰 도움이 된다. 또한 가족과의 대화를 통해 감정적인 지지를 받고 서로의 이해를 높이는 기회로 삼아야 한다.

이렇듯이 갑작스러운 퇴사 통보를 받았을 때는 침착하게 상황을 받아들이고, 필요한 정보를 정확히 파악하고, 다음 단계를 계획해야 한다. 이러한 과정을 통해 자신을 다시 한번 성장시키고 새로운 기회를 맞이할 준비를 할 수 있을 것이다.

3
욱하는 감정으로
사표를 내던지는 일을 피해라

| 욱하는 감정은 문제 해결이 아닌 악화다

한국인의 특징 중 하나로 자주 언급되는 것이 '욱'하는 감정이다. '욱'의 사전적 의미는 '앞뒤를 헤아림 없이 격한 마음이 불끈 일어나는 모양'이다. 그렇다. 우리는 다혈질 민족이다. 그래서 작은 자극에도 앞뒤를 헤아리지 않고 욱하고 성깔을 부린다. 그러고는 곧 후회한다.

욱하는 성깔은 직장생활에서도 빈번히 나타난다. 특히 스트레스가 쌓이고 불만이 쌓일 때 더욱 쉽게 표출될 수 있다. 심지어 인생 최대의 이슈 중 하나라 할 수 있는 퇴사를 결정할 때도 한순간의 감정을 이기지 못하고 홧김에 욱하는 감정으로 사표를 내던지는 경우도 종종 있다. 따라서 평소에 욱하는 감정을 잘 파악하고 이를 다스려야 한다. 그래야 인생에 망조가 들지 않는다.

욱하는 감정에 대하여 알아둘 두 가지다. 첫째는 그것이 순간적인 감정이라는 점이다. 욱하는 감정은 우리 뇌의 편도체가 자극받아 발생하는 일종의 방어 기제이다. 이는 신속하게 상황에 반응하게 하는 긍정적인 측면도 있지만 대개는 이성적인 판단을 흐리게 만든다. 이러한 감정에 사로잡혀 퇴사를 결정한다면 이후에 후회할 가능성이 크다. 욱하는 순간에는 문제의 본질을 제대로 보지 못하고 감정에 휘말려 섣부른 결정을 내리기 쉽기 때문이다.

둘째는 욱하는 감정은 해결책이 아니라 문제를 악화시키는 경우가 대부분이다. 욱하는 순간에 직장을 그만두면 그 순간의 갈등이나 불만은 해소될지 모르지만 장기적인 관점에서는 더 큰 문제를 일으킬 수 있다. 예를 들어 아무런 준비도 없이 갑작스럽게 퇴사한다면 당장 경제적인 어려움에 부닥칠 수 있으며 경력에도 부정적인 영향을 미칠 수 있다. 욱하는 감정으로 인한 결정은 대체로 상황을 개선하기보다는 더 복잡하게 만드는 경향이 있다.

| '일단 멈춤' 하고 객관적으로 바라보자

우리는 욱하는 감정을 통제하고 이성적으로 문제를 해결하는 방법을 배워야 한다. 감정이 격해질 때는 '일단 멈춤'이다. 잠시 멈추고 깊이 숨을 쉬며 상황을 재평가해봐야 한다. 상황을 객관적으로 바라보는 연습이 필요하다. 이는 마치 운동과 같아서 꾸준히 연습하면 점점 더 잘하게 된다. 마크 트웨인은 말했다. "화는 바보들이 내는 것이고, 그것이 내게 어떤 이득도 주지 않는다."라고. 욱하는 감정에 휘둘리지 않고 냉정하게 상황을 바라보는 능력은 직장생활뿐 아니라 세상살이, 특히 인간관계에서 중요한 덕목이다.

감정을 통제하는 또 다른 방법은 감정을 표현하는 건강한 방식을 찾는 것이다. 욱하는 감정이 솟구칠 때는 일단 멈추고 난 다음 일기 쓰기, 명상, 운동 등을 통해 감정을 건강하게 해소하는 방법을 찾아야 한다. 이를 통해 욱하는 감정을 억누르는 것이 아니라 긍정적인 방식으로 표출하고 해소할 수 있다. 또한 신뢰할 수 있는 사람들과 대화를 나누는 것도 큰 도움이 된다. 친구, 가족, 혹은 멘토와 감정을 나누는 것은 스트레스를 줄이고 문제를 더 명확하게 바라볼 수 있게 해준다.

아울러 욱하는 감정의 근본 원인을 파악하고 해결하려는 노력이 필요하다. 직장에서의 불만이나 스트레스가 무엇에서 기인하는지 깊이 생각해보라. 상사와의 갈등, 과도한 업무, 불공정한 대우 등 다양한 원인이 있을 수 있다. 이러한 원인을 파악하면 해결하기 위한 구체적인 방법을 찾을 수 있다. 예를 들어 상사와의 갈등이 문제라면 솔직한 대화를 통해 서로의 상황을 이해하고 해결책을 모색할 수 있다. 문제의 근본을 해결하는 것이 욱하는 감정을 줄이는 가장 효과적인 방법이다.

마지막으로 욱하는 감정에 휘둘리지 않기 위해서는 장기적인 목표와 비전을 설정하는 것이 중요하다. 욱하는 순간의 감정에 휘둘리는 대신에 자신의 인생 목표와 비전을 상기해보라. 직장에서의 어려움이 나의 목표를 이루는 데 어떤 의미가 있는지, 어떻게 이바지할 수 있는지 생각해보라. 장기적인 관점에서 보면 순간적인 감정은 그리 중요하지 않을 수 있다. 욱하는 감정을 통제하고 이성적으로 문제를 해결하는 것은 나의 목표를 이루는 데 큰 도움이 된다. 스티븐 코비는 "성공적인 사람들은 원칙 중심으로 생각하고 긴 안목으로 행동한다."라고 말했다. 우리의 감정이 아닌, 우리의 목표와 가치에 따라 행동해야 함을 강조한다.

　이렇듯 욱하는 감정에 사로잡혀 퇴사를 결정하는 것은 신중하지 못한 선택이다. 욱하는 감정은 순간적인 감정일 뿐이며 문제를 해결하기보다는 오히려 악화시킬 가능성이 크다. 따라서 감정을 통제하고 이성적으로 문제를 해결하는 방법을 배우는 것이 중요하다. 이를 위해서는 감정을 표현하는 건강한 방식을 찾고, 감정의 근본 원인을 파악하며, 장기적인 목표와 비전을 설정하는 것이 필요하다.

　욱하는 감정에 휘둘리지 마라. 차분하고 냉정해야 한다. 감정이 솟구치는 상황일수록 더욱 그렇다. 한순간에 욱하는 감정으로 인하여 퇴사를 결정함으로써 삶 전체가 폭삭 망하지 않도록 주의해야 한다. 퇴사란 결코 홧김에 결정할 단순한 사안이 아니다.

4
퇴사 전후 변화에 대한 두려운
감정을 극복하자

정년퇴직이든 자발적 퇴사든 그 상황에 즈음하여 나타나는 두려움과 설렘은 누구에게나 존재하는 감정이다. 완벽한 준비가 되어 있는 퇴사라 하더라도 인생은 불확실한 것이기에 작은 불안함은 있게 마련이다. 따라서 퇴사 전후에 나타나는 변화에 대한 두려운 감정을 잘 극복하는 것은 퇴사혁명을 성공시키는 관건이 될 수 있다. 두려움을 어떻게 다루느냐에 따라 그 이후의 삶이 크게 달라질 수 있기 때문이다.

| 두려움을 인정하고 받아들이면 더 성장할 수 있다

우선 그 두려움을 인정하고 받아들이는 것이다. 우리는 종종 두려움을 부정하려 하거나 회피하려 하지만 그것은 두려움을 더욱 가중할 뿐 아무런 해결책이 되지 못한다. 변화에 대한 두려움을 극복하는 첫걸음은 일단 그 두려움을 인정하고 받아들이는 것이다.

세계적인 심리학자 수잔 제퍼스Susan Jeffers는 "두려움을 느끼더라도 그것을 뛰어넘어 행동하라."라고 권한다. 두려움은 우리가 무언가를 새롭게 시도할 때 당연히 따라오는 감정으로 이것을 뛰어넘어 인정하고 받아들이면 두려움이 덜 위협적으로 느껴질 수 있다. 두려움은 변화에 대한 인간의 본능적인 반응이며, 생존을 위한 중요한 메커니즘이라고 긍정하면 된다. 그리하여 두려움이 우리의 발전과 성장을 막는 걸림돌이 되지 않도록 해야 한다.

다음으로 명확한 목표 설정과 계획 수립이 필요하다. 퇴사 후의 삶이 막연하게 느껴질 때 두려움을 증폭시킬 수 있다. 하지만 구체적인 목표를 세우고 달성하기 위한 계획을 수립하면 불안감이 줄어든다. 예를 들어 새로운 직업을 찾는 것, 자신만의 사업을 시작하는 것, 혹은 새로운 기술을 배우는 것과 같은 구체적인 목표를 세우고 단계별로 실천할 계획을 세워보라. 이 과정에서 자신이 무엇을 원하는지 명확히 하는 것도 중요하다. 자신의 가치를 재정의하고 무엇이 진정으로 자신을 행복하게 만드는지 깊이 생각해보는 시간은 매우 의미 있다.

또한 긍정적인 자기 대화와 마인드셋을 유지하는 것도 도움이 된다. 우리는 종종 부정적인 자기 대화에 빠져들어 자신감을 잃곤 한다. 이러한 상황에서 자신을 격려하고 긍정적인 생각을 유지하는 것이 중요하다. 올림픽 선수들이 게임에 앞서서 "나는 할 수 있다."라고 되뇌는 것처럼 "나는 새로운 시작을 할 수 있다." "퇴사는 나에게 새로운 기회를 제공할 것이다." 같은 긍정적인 자기 대화를 반복해보라. 이는 자신감을 높이고 두려움을 극복하는 데 큰 도움이 된다. 심리학자 윌리엄 제임스가 "우리의 삶은 우리가 가장 많이 생각하는 것의 결과다."라고 말했듯이 긍정적인 사고와 긍정적인 자기 대화는 우리의 행동과 태도를 크게 변화시킬 수 있다.

| 변화의 긍정적인 면에 집중하고 인내와 끈기를 가져라

두려움을 극복하는 데는 지원 시스템을 구축하는 것도 큰 도움이 된다. 가족, 친구, 멘토 등 신뢰할 수 있는 사람들과 좋은 관계는 큰 힘이 될 것이다. 이들과의 대화를 통해 자신의 감정을 나누고 조언을 구하며 필요한 때는 도움을 요청하는 것이 좋다. 또한 비슷한 경험을 한 사람들의 이야기를 듣는 것도 큰 위안이 된다. 이들은 자기 경험을 통해 두려움을 극복한 방법을 공유할 수 있으며 큰 영감을 줄 수 있다. 알베르트 슈바이처는 "인생에서 가장 훌륭한 치료제는 바로 인간관계다."라고 말했다. 타인의 지원과 공감은 우리가 어려운 시기를 이겨내는 데 큰 도움이 된다.

변화의 긍정적인 면에 집중하는 것도 불안과 두려움을 극복하는 데 필요하다. 퇴사는 끝이 아니라 새로운 시작이라는 강한 신념을 갖고 그동안 하지 못했던 일들을 시도해볼 기회로 삼아보라. 예를 들어 여행을 가거나 새로운 취미를 시작하거나 그동안 읽고 싶었던 책을 읽는 등 자신의 삶을 풍요롭게 만드는 활동을 시도해보라. 이러한 활동들은 새로운 에너지를 줄 것이며 변화의 두려움을 줄이는 데 도움이 된다. 스티브 잡스는 "당신의 시간은 한정되어 있다. 그러니 다른 사람의 삶을 사느라 시간을 낭비하지 마라."라고 말했다. 지금이야말로 자신만의 삶을 살아갈 기회를 잡을 때이다.

인내와 끈기를 가지는 것도 두려움에 대응하는 좋은 수단이다. 변화는 한순간에 이루어지지 않는다. 시간이 필요하며 그 과정에서 여러 가지 도전과 실패를 경험할 수 있다. 하지만 인내하고 끈기를 가지고 나아간다면, 결국에는 자신이 원하던 변화와 성장을 이룰 수 있다. 마하트마 간디는 "끊임없이 노력하면 그 과정에서 나는 강해지고 결국에는 목표에 도달할 것이다."라고 했다. 이는 변화의 길을 걷는 모든 사람에게 큰 교훈이 된다. 작은 성공을 축하하고, 실패에서 배우고, 지속해서 전진하는 것이 중요하다.

또한 자기계발에 적극적으로 나서는 것도 두려움을 이기는 첩경이 될 수 있다. 자기계발서를 읽고 새로운 기술을 배우며 관련된 세미나나 워크숍에 참석하는 것은 개인의 성장에 큰 도움이 될 뿐 아니라 두려움을 반감시키는 결과를 가져온다. 이는 새로운 기회를 발견하고 자신감을 높이는 데 중요한 역할을 한다. 자신을 꾸준히 발전시키는 것은 두려움을 이기는 것을 넘어 앞으로의 삶에서 큰 자산이 될 것이다.

이처럼 퇴사 이후의 변화를 두려워하지 않고 받아들이는 것은 용기 있는 선택이다. 이 과정에서 발생하는 두려움은 자연스러운 감정이다. 두려움을 어떻게 극복하느냐에 따라 그 이후의 삶이 달라질 수 있다. 자신을 믿고, 긍정적인 사고를 유지하고, 명확한 목표와 계획을 세우고, 주변의 지원을 받고, 변화의 긍정적인 면에 집중하고, 인내와 끈기를 가지는 것이 필요하다. 이러한 접근법을 통해 두려움을 극복하고 새로운 삶을 향해 나아갈 수 있다. 우리는 언제나 자신이 원하는 방향으로 삶을 바꿀 수 있는 능력을 갖추고 있다. 중요한 것은 그 첫걸음을 내딛는 용기와 지속해서 노력하는 끈기이다.

| 과거에 머무르지 않고 긍정적 마음가짐으로 나아가자

정년퇴직이든 자발적 조기퇴사든 간에 퇴사를 앞두고 이전 직장에 대한 섭섭함이나 불만이 남아 있을 수 있다. 특히 조기퇴사의 경우는 어쩌면 그런 섭섭함과 불만 때문에 회사를 떠나는 것일 수도 있다. 그러나 이제 퇴사, 아니 새로운 시작을 준비하는 시점에서 그러한 감정들은 부질없는 것일지 모른다. 마음속 깊이 그것을 안고 있을수록 손해가 나는 건 당사자 자신이다.

퇴사를 앞두고 섭섭함이나 불만이 있을 때는 무조건 그것을 부정하며 긍정하려고 애쓸 것이 아니라 그 감정을 솔직히 인정하고 받아들이는 것이 첫 단계다. 섭섭함이나 불만은 우리의 솔직한 감정이다. 이를 억지로 무시하거나 억누르는 것은 오히려 더 큰 스트레스를 가져올 수 있다. 따라서 이러한 감정을 인정하고 받아들이는 것이다. 마틴 루터 킹은 "어둠은 어둠을 몰아낼 수 없다. 오직 빛만이 그것을 할 수 있다. 증오는 증오를 몰아낼 수 없다. 오직 사랑만이 그것을 할 수 있다."라고 말했다. 부정적인 감정을 억누르지 말고 인정하고 긍정적인 방식으로 대처해야 한다는 의미라 할 수 있다.

다음으로 필요한 것은 섭섭함이나 불만을 구체적으로 파악하고 그 원인을 분석하는 것이다. 감정을 구체화하면 해결하거나 극복하는 데 도움이 된다. 예를 들어 동료와의 갈등, 업무 부담, 인정받지 못한 노력, 퇴사와 관련한 회사의 처우 문제 등 무엇 때문에 섭섭하고 불만인지를 구체적인 이유를 파악하는 것이다. 우리는 이러한 과정을 통해 자신의 감정을 더 잘 이해하고 해결할 방법을 찾을 수 있다. 이때 중요한 것은 객관적으로 냉정하게 상황을 바라보는 것이다. 지나치게 감정적으로 접근하면 문제의 본질을 놓칠 수 있기 때문이다.

또한 섭섭함이나 불만을 긍정적인 방식으로 표현하는 것이 중요하다. 이를테면 직장을 떠나기 전 상사나 동료와 솔직한 대화를 나누는 것이 도움이 될 수 있다. 물론 이 대화는 건설적이고 긍정적인 방식으로 이루어져야 한다. 갈등을 해소하고 상호 이해를 증진하는 데 초점을 맞추는 것이 좋다. 그럼으로써 우리는 마음의 짐을 덜 수 있으며 더 명료한 마음 상태로 새로운 출발을 준비할 수 있다. 로마의 철학자 에픽테토스는 "사람들은 사물에 의해 괴로워하는 것이 아니라, 그들에 대한 자신의 견해에 의해 괴로워한다."라고 말했다. 이는 우리가 어떻게 감정을 다루느냐에 따라 결과가 달라질 수 있음을 시사한다.

다음으로 섭섭함이나 불만을 발전의 기회로 삼는 것이 현명한 처신이다. 우리는 종종 부정적인 경험을 통해 많은 것을 배울 수 있다. 예를 들어 직장에서의 어려움이 우리의 강점을 키우고 문제 해결 능력을 향상하는 데 도움이 될 수 있다. 이러한 경험을 통해 우리는 더 나은 사람으로 성장할 수 있다. 존 F. 케네디가 "위기는 동시에 위험과 기회를 포함하고 있다."라고 하지 않았나. 위기가 곧 기회라는 말은 부정적인 경험을 어떻게 받아들이고 활용하느냐에 따라 큰 기회로 전환될 수 있음을 의미한다.

또한 섭섭함이나 불만에 사로잡히지 말고 새로운 목표를 설정하고 긍정적인 미래를 준비할 줄 알아야 한다. 섭섭함이나 불만을 곱씹어가면서 지나치게 집착하면 앞으로 나아가는 데 방해가 될 수 있다. 따라서 과거의 경험을 교훈으로 삼아 새로운 목표를 설정하고 달성하기 위한 계획을 세우는 것이 필요하다. 그럼으로써 다음 직장에서는 같은 처신을 반복하지 않게 되는 것이다. 이는 우리의 에너지를 긍정적인 방향으로 전환하는 데 도움이 된다. 헬렌 켈러는 "과거를 돌아보지 마십시오. 당신은 그곳에 있지 않습니다. 오직 미래만이 당신의 손에 있습니다."라고 했다. 이는 우리가 과거에 머무르지 말고 미래를 향해 나아가야 함을 상기시킨다.

섭섭함이나 불만을 삭이기 위해서는 지원 시스템을 구축하는 것도 좋은 방법이다. 가족, 친구, 멘토 등 신뢰할 수 있는 사람들과의 관계는 큰 힘이 된다. 이들과의 대화를 통해 자신의 감정을 나누고 조언을 구하며 필요한 때에는 도움을 요청하는 것이다. 또한 비슷한 경험을 한 사람들의 이야기를 듣는 것도 큰 위안이 될 수 있다. 이들의 경험을 통해 섭섭함이나 불만을 극복한 방법을 공유할 수 있으며 큰 영감을 줄 수도 있고 얻을 수도 있다. 알베르트 슈바이처는 "인생에서 가장 훌륭한 치료제는 바로 인간관계다."라고 했다. 타인의 지원과 공감을 통해 어려운 시기를 이겨낼 수 있음을 암시한다.

마지막으로 자신을 위한 시간을 가지는 것이다. 섭섭함이나 불만에서 벗어나기 위해서는 자신을 돌보는 시간이 필요하다. 취미 활동을 즐기거나, 여행을 떠나거나, 새로운 기술을 배우는 등 자신을 위한 시간을 가지는 것은 마음의 안정을 찾는 데 큰 도움이 된다. 이를 통해 우리는 마음의 평화를 찾고 새로운 에너지를 얻을 수 있다. 틱낫한 스님이 "현재의 순간에 집중하는 것이 평화와 행복의 열쇠"라고 했듯이 자꾸 과거를 회상하며 섭섭함과 불만으로 자신을 괴롭힐 것이 아니라 현재의 순간에 집중하여 자신을 돌보는 것이 소중한 것이다.

이렇듯이 퇴사 전후에 느끼게 되는 섭섭함이나 불만은 그것의 노예가 될 것이 아니라 능동적으로 극복해야 한다. 이를 위해서 감정을 인정하고 받아들이며, 구체적으로 파악하고 긍정적으로 표현하며, 발전의 기회로 삼고 새로운 목표를 설정하는 것 등의 여러 가지 지혜가 동원돼야 한다. 이러한 접근법을 통해 우리는 섭섭함이나 불만을 극복하고 새로운 시작을 준비할 수 있다. 중요한 것은 과거에 머무르지 않고 긍정적인 마음가짐으로 앞으로 나아가는 것이다.

5

퇴사를 앞두고 아쉬움을 통해서
배우고 깨달아라

　퇴사를 앞두고 지난날을 돌아보면 후회되는 일들이 한둘이 아닐 것이다. 정년퇴직을 맞이하든 자발적 조기퇴직을 결심하든 인생의 한 장을 마무리하면서 자연스럽게 과거를 되돌아보게 된다. 이러한 회상 과정에서 아쉬움과 후회는 피할 수 없는 감정이다. 이때 우리는 지나간 시간을 반추하며 더 나은 선택을 할 수 있었던 순간들, 놓친 기회들, 잘못된 결정들에 대해 깊이 생각하게 된다. 이러한 후회들을 마주하는 것은 때로 고통스럽다. 하지만 이를 통해 우리는 성장할 수 있는 계기를 마련하게 된다.

　후회의 대상은 사람마다 다를 것이지만 일반적으로 흔하게 후회되는 것 중 하나는 시간의 소중함을 제대로 깨닫지 못한 점이다. 일에 치여 바쁘게 살다 보면 정작 중요한 것들을 놓치기 쉽다. 가족과 보내는 시간, 친구와의 소중한 추억, 개인적인 성장과 여가 생활 등은 종종 일의 우선순위에 밀리곤 한다. 많은 사람이 퇴사를 앞두고 비로소 가족과 더 많은 시간을 보내지 못한 것을 후회하게 된다. 아이들이 자라는 모습을 놓쳤거나 부모님과 함께할 수 있는 시간을 충분히 가지지 못한 것에 대한 아쉬움은 퇴사 후에 더욱 크게 다가온다. 특히 자녀들이 성장하는 중요한 순간들을 놓친 것은 되돌릴 수 없는 후회로 남게 된다.

| 퇴사와 함께 여러 아쉬움이 한꺼번에 몰려온다

우리는 자신의 건강을 소홀히 한 것을 크게 후회한다. 젊고 건강할 때는 건강의 소중함을 잘 실감하지 못한다. 그러나 과중한 업무와 스트레스로 인해 건강이 악화하였을 때 비로소 그 중요성을 깨닫게 된다. 퇴사를 앞두고 몸이 예전 같지 않다는 사실을 자각하면서 젊었을 때 건강관리를 제대로 하지 못한 것을 후회하게 된다. 정기적인 운동이나 건강한 식습관을 유지하지 못한 것, 과도한 스트레스에 무방비로 노출된 것 등이 모두 후회로 남을 수 있다. 단순히 신체적인 건강의 문제만이 아니라 정신적인 건강에도 큰 영향을 미치게 된다. 많은 사람이 퇴사를 앞두고야 비로소 건강의 중요성을 깨닫고 더 일찍 자기관리를 하지 않았는지에 대해 후회하게 된다.

직장에서의 인간관계 역시 후회의 대상이 되기 쉽다. 동료나 상사와의 갈등과 오해로 좋은 관계를 맺지 못한 것을 후회하게 된다. 일에 집중하느라 인간관계를 소홀히 했던 순간들, 감정을 조절하지 못해 상처를 주고받은 일들은 시간이 지나면서 더 큰 아쉬움으로 남는다. 직장에서의 인간관계는 퇴사 후에도 이어질 수 있는 소중한 자산임을 깨닫지 못한 것이 후회스럽게 느껴지기도 한다. 특히 좋은 인연을 맺을 수 있었던 기회를 놓친 것, 또는 갈등을 해소하지 못해 상처로 남은 일들이 후회로 자리 잡을 수 있다. 이러한 후회들은 나중에 우리가 인간관계를 어떻게 다루어야 하는지에 대해 중요한 교훈을 제공해준다.

자신의 커리어 선택에 대한 후회도 있을 수 있다. 더 나은 기회를 놓쳤거나 새로운 도전을 두려워해 현재의 안락함에 안주한 것에 대한 후회가 크다. 만약 다른 선택을 했다면 지금의 내 삶은 무엇이 달라졌을까 하는 생각은 퇴사를 앞둔 시점에서 더욱 강하게 다가온다. 이는 다시 돌아갈 수 없는 과거에 대한 아쉬움이자 앞으로의 선택에 대해 신중하게 생각하게 만드는 계기가 된다.

우리는 때때로 자신이 선택한 길이 최선의 길이었는지 의심하게 되며 더 나은 기회를 놓쳤다는 생각에 후회하게 된다. 특히 과거에 중요한 결정을 내렸을 때 더 나은 선택을 할 수 있었음에도 안전한 길을 선택했던 경우에 더욱 두드러진다. 또한 자신의 성장을 위해 더 큰 노력을 기울이지 못한 것도 후회스러울 수 있다. 회사 업무에만 매몰되어 자기계발을 소홀히 한 것, 새로운 기술이나 지식을 습득하지 않은 것에 대한 아쉬움은 퇴사를 앞두고 더욱 크게 다가온다. 퇴직을 맞이한 후에야 뒤늦게 다양한 경험과 지식이 얼마나 소중한 자산이었는지를 깨닫게 되는 경우가 많다. 우리가 일상에서 끊임없이 배우고 성장하는 것이 얼마나 중요한지를 다시금 상기시켜준다. 특히 급변하는 사회에서 새로운 기술과 지식을 습득하는 것은 개인의 경쟁력을 유지하는 데 있어 필수적임을 깨닫게 된다.

| 후회를 아쉬움으로 남기지 말고 교훈 삼아라

퇴사를 앞두고 지난날을 돌아보면 이렇게 많은 후회가 마음속에 자리 잡고 있을 것이다. 그 후회의 종류(?)와 내용은 사람마다 다를 것이다. 후회 없이 퇴사하는 사람도 있을 것이나 대부분은 아쉬움과 후회로 가슴을 칠 것이다. 그러나 이러한 후회를 단순히 아쉬움으로만 남겨두기보다는 더 나은 선택을 할 수 있는 교훈으로 삼아야 한다. 퇴직은 이제 모든 것이 끝난 것이 아니라 또 다른 출발이요, 시작이기도 하기 때문이다. 따라서 후회를 통해 우리는 무엇이 중요한지, 무엇을 소중히 여겨야 하는지를 깨달아야 한다. 퇴사 후의 새로운 삶을 계획하는 데 큰 자산이 될 것이다.

가족과의 시간을 소중히 여기는 법을 배우게 된 사람이라면 퇴사 후 가족과 더 많은 시간을 보낼 수 있는 계획을 세울 수 있다.

건강의 중요성을 깨달은 사람은 더 적극적으로 건강관리를 할 수 있을 것이다. 인간관계의 중요성을 느낀 사람은 퇴사 후에도 좋은 인간관계를 유지하고 발전시키기 위해 노력할 것이다. 또한 자기 계발의 중요성을 깨달았다면 더 늦기 전에 새로운 도전을 통해 자신의 성장을 도모할 수 있다.

결국 퇴사를 앞두고 느끼는 후회들은 우리가 앞으로의 삶을 더 풍요롭고 의미 있게 만드는 데 중요한 밑거름이 될 수 있다. 중요한 것은 후회를 단순히 아쉬움으로 남겨두지 않고 배우고 성장하는 것이다. "과거는 바꿀 수 없지만 미래는 우리가 만들어갈 수 있다."라는 말처럼 후회를 통해 배운 교훈을 바탕으로 더 나은 미래를 설계해나가는 것이 중요하다. 퇴사를 앞둔 지금 우리는 후회의 감정을 통해 더 나은 자신과의 만남을 준비할 수 있다. 단순히 과거를 후회하는 것이 아니라 앞으로의 삶을 더 가치 있게 만들어가는 과정이다.

또한 퇴사 후의 삶을 계획하는 데 다양한 가능성을 열어두는 것도 중요하다. 한 가지 계획에만 집착하지 말고 여러 대안을 고려해보는 것이 좋다. 새로운 직장을 찾는 것 외에도 프리랜서로서 일하거나 창업을 고려해볼 수 있다. 또한 자원봉사나 사회 활동을 통해 새로운 경험을 쌓는 것도 좋은 방법이다. 다양한 가능성을 열어두면 예상치 못한 기회가 찾아왔을 때 더 유연하게 대처할 수 있다. 이는 우리 삶의 여러 가지 면에서 긍정적인 변화를 불러올 수 있으며 새로운 도전을 통해 더 큰 성취감을 느낄 수 있게 한다.

후회를 통해 자신을 냉정하게 분석하는 과정은 지속적인 자기 성찰과 학습을 요구한다. 한 번에 끝나는 과정이 아니라 지속해서 자신을 돌아보고 발전시켜나가는 과정이다. 새로운 도전을 하면서 자신에게 부족한 부분을 채워나가고 새로운 기술과 지식을 습득하는 것이 중요하다. 이를 통해 퇴사 후에도 지속해서 성장하고 발전할 수 있는 것이다.

이렇듯이 퇴사를 준비하는 과정에서 느끼는 여러 가지 후회는 자신을 냉정하게 분석하는 계기가 된다. 이는 자기 경력과 능력, 성격과 가치관, 건강과 재정을 철저히 평가하고, 미래에 대한 구체적인 비전을 설정하고, 다양한 가능성을 열어두는 과정이다. 이러한 과정은 때로는 어렵고 고통스러울 수 있지만 더 나은 자신을 만날 수 있으며 새로운 인생의 장을 성공적으로 열어갈 수 있을 것이다.

6

조용한 퇴사를 하기보다는
새로운 기회를 찾아라

　최근 몇 년간 '대퇴사의 시대'라는 말이 유행했다. 이는 많은 사람이 직장을 떠나 새로운 기회를 찾아 나서는 현상을 설명하는데, 이제는 그 반대의 트렌드가 등장했다. '조용한 퇴사Quiet Quitting' 혹은 '조용한 사직'이 그것이다. '조용한 퇴사'란 직장생활을 하면서도 실질적으로는 일을 하지 않는 상태를 의미한다. 즉 직원들이 자신의 업무를 최소한으로만 수행하고 적극적인 참여를 피하는 것이다. 한마디로 농땡이를 치는 것이다.

　이러한 태도는 회사에도 당사자에게도 전혀 바람직하지 않음은 물론인데 실상은 매우 심각하다. HR테크 기업 '인크루트'가 2024년 3월 26일에 직장인 1,097명을 대상으로 '조용한 퇴사에 대한 인식'에 대하여 설문조사를 진행했다. 그런데 '당신은 지금 조용한 퇴사 중입니까?'라는 질문에 전체 응답자의 51.7%가 '그렇다.'라고 답했다. 세상에나! 무려 절반이 넘는 직장인들이 조용한 퇴사 중이라는 말이다.

| 조용한 퇴사는 결국 당사자에게 가장 좋지 않다

이런 현상이 발생하는 데는 여러 가지 이유가 있을 수 있다.

첫째, 업무에 대한 불만족이다. 회사의 비전이나 목표가 직원 개인의 가치관과 맞지 않을 때, 업무 환경이 지나치게 스트레스가 많을 때, 연봉 등의 처우가 불만족할 때, 직원들은 자기 일에 대한 흥미를 잃게 된다. 둘째, 상사나 동료와의 관계에 문제가 있을 때다. 업무 외적인 문제로 인해 직장에서의 생활이 고통스럽다면 이는 조용한 퇴사의 원인이 될 수 있다. 셋째, 개인적인 문제나 건강상의 이유도 영향을 미친다. 원래의 성향이 무슨 일이든 적극적으로 나서는 성향이 아니고 뒷전으로 물러나는 사람이라든가 또는 건강상의 문제로 일에 몰두할 수 없다면 농땡이를 칠 수밖에 없을 것이다. 이러한 다양한 이유가 복합적으로 작용하여 직원들은 조용히 일을 그만두는 방향으로 기울게 된다.

당연히 조용한 퇴사는 회사와 직원 모두에게 해로운 영향을 미친다. 회사로서는 조용한 퇴사가 문제의 신호로 작용한다. 직원들이 적극적으로 일하지 않으면 전체적인 생산성과 효율성이 떨어지게 된다. 이는 결국 회사의 경쟁력을 약화하고 장기적으로는 재정적인 손실로 이어질 수 있다. 또한 조용한 퇴사는 팀워크에도 악영향을 미친다. 한두 명의 직원이 자신의 업무를 제대로 수행하지 않으면 다른 동료들이 그 부담을 떠안아야 한다. 또한 그런 분위기가 알게 모르게 회사 전체로 퍼져나가 열심히 일하는 사람에게까지 옮겨갈 수 있다. 이는 팀 내 갈등을 유발하고 전체적인 사기를 저하할 수 있다.

더 중요한 것은 조용한 퇴사가 그 당사자에게 결코 좋은 일이 아니라는 점이다. 부정적인 결과를 초래한다. 자기 능력을 충분히 발휘하지 못하면 경력 발전에 걸림돌이 된다. 더 나아가 그렇게 일을 대충 하다 보면 자존감도 떨어지고 직장에서의 성취감도 사라지게 된다. 일에 농땡이를 치는데 과연 무엇을 이룰 수 있겠는가 말이다. 이는 장기적으로 당사자에게 더 큰 스트레스와 불만을 초래할 수 있다. 또한 자신의 업무에 불만족을 느끼면서도 일을 계속하는 것은 정신적으로도 정서적으로도 큰 부담이 된다. 이는 우울증이나 번아웃과 같은 심각한 건강 문제로 이어질 수 있다.

| 조용한 퇴사로 세월을 낭비하느니 사표를 쓰는 것이 낫다

조용한 퇴사를 선택하기보다는 차라리 사표를 쓰는 것이 더 낫다. 조용한 퇴사에 머물며 세월을 낭비하기보다는 단호하게 퇴사를 결정하는 게 모두를 위해 낫다는 말이다. 명확한 결단을 내리고 새로운 도전을 찾아 나서는 것이 자기 발전에 더 유익하다.

그렇다고 해서 '시끄러운 퇴사Loud Quitting'를 해서도 안 된다. '시끄러운 퇴사'는 회사에 사직 의사를 밝히고 그동안 불만이 있었던 고용주나 직장 상사에게 욕설한다거나 그 정도는 아니더라도 외부에 내가 왜 퇴사하는지 그 과정에 대해서 알리고 홍보하며 사직서를 던지는 것이다. 이렇게 되면 그 후가 어떻게 될지 상상이 될 것이다. 다시는 뒤돌아보지 않을 회사니까 괜찮다고? 이건 세상을 하나만 알지 둘을 모르는 막가파식 사직이다. 언제 어디서 무엇이 되어 다시 만날지 모르는 게 인생사다.

조용히 떠나는 거다. '조용한 사직'이 아니라 조용히 작별을 고하면 된다. 사표를 쓰기가 쉬운 결정은 아니지만 이는 자신의 커리어를 재정비하고 더 나은 기회를 찾을 수 있는 퇴사혁명의 첫걸음이 될 수 있다. 사표를 쓰는 것은 단순히 회사를 떠나는 것이 아니다. 긍정적인 변화를 불러올 수 있다. 새로운 직장을 찾는 과정에서 자기 능력을 재평가하고, 더 나은 방향으로 발전할 기회를 찾을 수 있다. 또한 새로운 환경에서 새로운 동료들과 함께 일하면서 더 많은 것을 배울 수 있다.

회사 차원에서도 정확한 인력 변동을 파악할 수 있어 적절한 인력을 새로 채용하고 조직의 효율성을 유지하는 데 도움이 된다. 조용한 퇴사가 지속되면 회사는 문제의 원인을 파악하기 어렵고 따라서 필요한 조처를 취하기 어렵다. 반면 사표를 제출하면 회사는 즉각적인 대응을 할 수 있고 조직의 안정성을 유지할 수 있다. 이는 회사로서 매우 중요한 요소다.

만약 현재의 직장생활이 너무 힘들고 더 이상 견딜 수 없다면 조용한 퇴사 대신 적극적으로 문제를 해결하는 방안을 찾아보기를 권한다. 일단 상사와 솔직하게 대화하여 자신의 상황을 설명하고 더 나은 근무 환경을 만들기 위한 방법을 모색해보는 것이 좋다. 그렇게 방안을 찾는데도 불구하고 노력이 결실을 보지 못한다면 그때는 퇴사혁명을 결단해야 한다. 사표를 쓰고 그곳을 떠나는 것이 앞으로의 삶을 위해서도 현명한 선택이다.

결론적으로 조용한 퇴사는 문제를 해결하는 방법이 아니다. 이는 문제를 회피하는 것에 불과하다. 차라리 용기 있게 사표를 쓰고 새로운 기회를 찾아 나서는 것이 당신 자신과 회사 모두에게 더 큰 이익을 가져다줄 것이다. 아니, 회사야 어떻게 되든 말든 당신 자신을 위해 결단해야 한다. 그러므로 지금 이 순간 조용한 퇴사를 고민하고 있거나 조용한 퇴사 상태라면 차라리 결단을 내려 새로운 도전에 나서기를 권한다. 이는 당신의 장래에 더 밝은 길을 열어줄 것이다. 미래를 향한 새로운 도전을 두려워하지 말자. 이는 당신의 삶을 더욱 풍요롭게 만들 것이며 더 나은 직업적 성취를 이룰 기회를 제공할 것이다.

지금 당신이 조용한 퇴사의 상태에 머물러 있다면 이는 당신의 마음 깊숙한 곳에서 변화의 필요성을 느끼고 있다는 신호일지도 모른다. 그러한 신호를 무시하지 말고 적극적으로 대처할 필요가 있다. 조용한 퇴사 대신 용기 있는 선택을 통해 더 나은 미래를 향해 나아가길 바란다.

7
지금 존재하는 곳에서 완전히
존재해야 한다

직장생활을 하다 보면 종종 퇴사하고 싶다는 생각이 들게 마련이다. 어떤 사람은 이를 입에 달고 다니며 곧 퇴사할 것처럼 말하곤 한다. 설령 입 밖으로 내지는 않더라도 머릿속에서 퇴사를 상상하는 사람도 적지 않다. 아니, 많다. 나도 직장생활 내내 그 생각이 머리를 맴돌곤 했다. 그럼에도 정년까지 버텼지만.

직장인으로서 퇴사를 생각하는 것은 충분히 이해할 수 있다. 낮은 연봉, 강한 스트레스, 업무 부담, 인간관계 문제, 그리고 훨씬 더 좋아 보이는 다른 일터 등 다양한 이유로 인해 직장생활이 힘들어지거나 회의를 느낄 때 퇴사는 매력적인 대안처럼 보일 수 있다. 그러나 이럴 때 떠올릴 철학자의 조언이 있다. 바로 저 유명한 에리히 프롬이다.

그는 "운명이 너에게 도달하도록 허용한 지점이 어디이든 간에 지금 존재하는 곳에서 완전히 존재하라."라는 명언을 남겼다. 소위 '존재의 철학'이다. 이 말을 깊이 새겨보면, 직장생활을 하면서 운명이 나를 어디까지 끌고 갈지는 모르지만 지금 일하고 있는 직장에서 완전히 존재하는 것이 얼마나 중요한지 새삼 생각하게 한다.

직장인으로서 퇴사를 고민하는 것은 자연스러운 일이다. 누구나 더 나은 기회를 찾고 싶어 하며 불만족스러운 상황에서 벗어나고 싶은 욕구는 인지상정이다. 그러나 이런 고민이 지나치게 지속되면 현재의 일터에서 충분히 자기 능력을 발휘하지 못하게 된다. 이는 결국 개인에게도 회사에도 모두에게 해로운 결과를 초래한다. 지금 이 순간 당신이 존재하는 곳에서 완전히 존재하는 것은 당신의 성장과 발전을 위해 필수적이다.

| 현재의 일에 몰두하면 더 나은 결과를 얻을 수 있다

지금 일하는 곳에서 완전히 존재하는 것은 당신의 업무 성과를 향상한다. 마음이 딴 곳에 가 있으면 현재의 업무에 집중하기 어렵다. 일을 제대로 할 리가 만무하다. 반면 현재의 일에 몰두하면 더 나은 결과를 얻을 수 있음은 당연하다. 이는 단순히 일의 성과뿐만 아니라 당신의 자신감과 자존감에도 긍정적인 영향을 미친다. 자신의 업무에 최선을 다하는 것은 당신의 능력을 입증하는 가장 확실한 방법이며 더 큰 성취감을 느낄 수 있게 된다. 이는 장기적으로 커리어 발전에 큰 도움이 될 것이다.

또한 현재의 직장에서 완전히 존재하는 것은 인간관계에도 긍정적인 영향을 미친다. 동료들과의 관계는 직장생활의 중요한 부분이다. 당신이 자신의 역할에 충실하고 다른 사람들과 협력해 목표를 달성하려는 태도를 보일 때 동료들은 신뢰하고 존경하게 될 것이다. 이는 업무의 효율성을 높일 뿐만 아니라 직장에서 더 행복하고 만족스러운 시간을 보낼 수 있게 해준다. 직장에서의 좋은 평판과 인간관계는 때로는 예상치 못한 기회를 제공하기도 한다. 당신이 동료들에게 긍정적인 영향을 미칠 때 당신의 미래에도 긍정적인 영향을 줄 수 있기 때문이다.

아울러 현재의 일터에서 완전히 존재하는 것은 한 차원 높은 자기계발의 수단이 된다. 직장에서의 좋은 경험은 업무 스킬과 지식을 쌓는 데 중요한 역할을 한다. 현재의 업무에 충실할 때 더 많은 것을 배울 수 있다. 이는 당신의 전문성을 높이는 데 도움이 된다. 이렇듯이 지금 존재하는 곳에서 완전히 존재하는 것은 성장을 위한 필수적인 과정이다. 현재의 직장에서 완전한 존재를 통해 성취한 것들은 미래의 기회에서도 큰 자산이 될 것이다.

| 현재 직장에서 최선을 다하는 것은 밑거름이 된다

물론 모든 상황에서 현재의 직장에 완전히 만족할 수는 없다. 때로는 정말로 퇴사하는 것이 더 나은 선택일 수도 있다. 그러나 퇴사를 결정할 땐 하더라도 지금 있는 자리에서 완전히 존재하는 노력을 해보는 것은 기본자세다. 퇴사혁명의 기본적인 전제가 된다. 현재의 직장에서 최선을 다하는 것은 당신의 가치를 입증하는 가장 확실한 방법이다. 그럼으로써 당신 자신에게도, 회사에도 좋은 영향을 미칠 수 있다.

현재의 직장에서 최선을 다하는 것은 단순히 일을 잘하는 것에 그치지 않는다. 이는 당신의 태도와 마인드셋에도 큰 변화를 불러올 수 있다. 퇴사만을 생각하며 하루하루를 버티는 것보다 지금 이 순간에 충실하며 최선을 다하는 것이 더 큰 만족감을 줄 수 있다. 이는 당신의 일상에도 긍정적인 영향을 미칠 것이다. 아침에 일어나서 직장에 가는 것이 고통스럽지 않고 오히려 새로운 도전과 배움을 기대하게 될 것이다.

또한 현재의 직장에서 최선을 다하는 것은 당신의 커리어에 장기적으로 큰 도움이 된다. 회사에서 당신의 노력과 성과를 인정받으면 향후 경력 발전에 큰 도움이 될 것이고 승진이나 보너스나 더 좋은 프로젝트에 참여할 기회가 생길 수 있다. 현재의 직장에서 최선을 다하는 것은 미래의 더 나은 기회를 잡는 데 중요한 밑거름이 된다.

지금 이 순간 퇴사를 고민하고 있다면 잠시 멈춰 서서 생각해보자. 에리히 프롬의 조언을 떠올리며 현재의 자리에서 완전히 존재하는 것이 무엇을 의미하는지 깊이 고민해보자. 이는 당신의 현재와 미래를 위한 중요한 결정이 될 것이다. 현재의 직장에서 최선을 다하고, 당신의 능력과 가치를 입증하고, 더 나은 기회를 찾기 위한 준비를 해보자.

지금 당신이 '조용한 퇴사'를 고민하고 있다면 마음 깊숙한 곳에서 변화의 필요성을 느끼고 있다는 신호일지도 모른다. 그러한 신호를 무시하지 말고 적극적으로 대처하는 것이 필요하다. 조용한 퇴사 대신 용기 있는 선택을 통해 더 나은 미래를 향해 나아가길 권한다.

마지막으로 현재의 직장에서 완전히 존재하는 것은 당신이 행복해지는 중요한 요소가 된다. 현재의 일에 최선을 다하고 자신의 역할에 충실한 태도는 일상에 활력을 불어넣을 것이다. 이는 결국 당신의 전체적인 삶의 질을 높이는 데 도움이 될 것이다.

늘 퇴사하겠다는 생각을 버리고 지금 존재하는 곳에서 완전히 존재하라. 이는 당신의 개인적인 성장을 위해 필수적이다. 현재의 직장에서 최선을 다하는 것이야말로 당신의 능력을 입증하고 더 나은 기회를 찾는 가장 확실한 방법이다. 차원 높은 퇴사 전략이요 퇴사혁명의 수단이다. 이는 삶을 더 풍요롭게 만들 것이며 더 큰 성공과 만족감을 가져다줄 것이다. 떠날 땐 떠날지언정 지금 그곳에서 완전히 존재하라.

4장
—
회사 세계에서 만난
지인들과 평판이 자산이 된다

1
퇴사를 알릴 때
지인들에게 명확하게 의사를 전달하라

회사나 상사나 동료들에게 자발적 조기퇴직을 알리는 과정은 상당한 전략과 지혜가 필요한 중요한 절차다. 그 회사가 싫어서 떠나는데 무슨 놈의 전략과 절차냐고? 세상살이는 그렇게 단순하지 않다. 퇴직 통보는 단순히 사직 의사를 밝히는 것뿐만 아니라 이후의 직장생활과 인맥 유지에 큰 영향을 미칠 수 있다. 떠난다고 막가파식 처신을 해서는 안 된다. 따라서 이를 효과적으로 진행하기 위해서는 몇 가지 중요한 원칙과 단계가 있다.

우선 퇴직을 통보하기 전에 세밀한 준비를 해야 한다. 먼저 퇴사 이유와 그 결정에 대한 확신을 명확히 하는 것이 중요하다. 상사나 동료들에게 퇴사 이유를 설명해야 할 경우를 대비해 명확하고 논리적인 이유를 준비해두어야 한다. 이는 자신의 결정을 이해시키는 데 도움이 되며 불필요한 오해를 방지할 수 있다.

퇴사 통보를 할 때는 솔직하고 명확하게 자기 의사를 전달하는 것이 중요하다. 퇴사 이유를 구체적으로 설명하되 불필요한 비판이나 부정적인 이야기는 피하는 것이 좋다. 예를 들어 개인적인 사정이나 새로운 도전을 위해 퇴사를 결심했다고 설명하는 것이 바람직하다. 이는 상사와 동료들이 당신의 결정을 이해하고 존중할 수 있게 한다. 또한 퇴사 이유가 긍정적이고 건설적인 방향으로 전달될 때, 당신의 이미지도 긍정적으로 남을 수 있다.

퇴사 통보 시점도 신중히 선택해야 한다. 이는 회사의 상황과 자신의 업무 상황을 고려해 결정하는 것이 바람직하다. 회사는 하나의 유기체처럼 구성원들의 협력을 통해 원활히 운영된다. 직원 한 명이 갑작스레 떠나게 되면 그 빈자리를 메우기 위해 많은 시간과 노력이 필요하다. 적절한 시기에 퇴사를 통보해야 한다. 그렇지 않으면 회사는 예기치 못한 인력 공백으로 인해 업무의 차질을 빚을 수 있다. 예를 들어 중요한 프로젝트가 진행 중이거나 회사가 바쁜 시기일 때는 퇴사 통보를 미루는 것이 좋다. 이는 회사와의 원만한 관계를 유지하는 데 도움이 되며 자신의 책임을 다하는 모습으로 보일 수 있다.

일반적으로 최소한 4주 전에 통보하는 것이 바람직하다. 이는 회사가 당신의 대체 인력을 구하고 인수인계 과정을 원활하게 진행할 수 있도록 도와준다. 물론 회사의 규정에 따라 통보 기간이 다를 수 있으므로 이를 미리 확인하는 것이 필요하다. 통보 시기를 잘 조절함으로써 회사와 동료들에게 최대한의 배려를 보여줄 수 있다.

| 상사에게는 신중하고 정중하게 통보를 알린다

퇴직 통보의 첫 단계는 상사에게 알리는 것이다. 상사에게 통보하는 과정은 매우 신중해야 하며 정중하고 프로페셔널한 태도를 유지하는 것이 중요하다. 상사와의 만남을 예약하고 사적인 공간에서 대화를 나누는 것이 좋다. 이는 진지한 대화를 나누기 위한 적절한 분위기를 조성할 수 있다.

대화의 시작은 감사의 표현으로 시작하는 것이 좋다. 예를 들어 "먼저 그동안 많은 배려와 지원을 해주셔서 진심으로 감사드립니다."와 같은 표현으로 대화를 시작할 수 있다. 이는 상사에게 존중과 감사를 표현하는 것으로 대화의 분위기를 긍정적으로 만들 수 있다.

그 이후에 퇴사 결정을 밝히고 그 이유를 설명한다. 이때는 가능한 한 솔직하고 명확하게 이야기하는 것이 중요하다. 예를 들어 "오랜 고민 끝에 새로운 도전을 위해 퇴사를 결심하게 되었습니다."와 같이 자신의 결정을 설명할 수 있다. 상사가 이해하기 쉽고 논리적이고 구체적으로 이유를 설명하는 것이 바람직하다.

또한 상사가 질문할 수 있는 시간을 주고 경청하는 것도 필요하다. 상사는 당신의 퇴사 결정에 대해 다양한 질문을 할 수 있는데 성실하게 답변하는 것이 좋다. 이는 상사와의 신뢰 관계를 유지하는 데 도움이 된다. 설령 그 상사가 싫어서 떠나더라도 말이다.

| 동료들에게는 개별적으로 퇴사 통보를 하는 게 좋다

상사에게 퇴사 결정을 알린 후에는 동료들에게 이를 알리는 과정도 고려해야 한다. 동료들에게 알리는 방법 역시 신중해야 하며 전문적인 태도를 유지하는 것이 중요하다. 동료들과의 관계를 고려해서 개별적으로 알리는 것이 바람직할 수 있다. 동료들과의 대화도 감사의 표현으로 시작하는 것이 좋다. 예를 들어 "그동안 많은 도움을 주셔서 정말 감사했습니다."와 같은 표현으로 대화를 시작할 수 있다.

그 이후에 퇴사 결정을 밝히고 이유를 설명한다. 이때도 솔직하고 명확하게 이야기하는 것이 중요하다. 동료들이 이해하기 쉽고 논리적이고 구체적으로 이유를 설명하는 것이 바람직하다. 또한 동료들이 질문할 수 있는 시간을 주고 반응을 경청하는 것도 도움이 된다. 동료들 역시 상사와 마찬가지로 당신의 퇴사 결정에 대해 다양한 질문을 할 수 있는데 성실하게 답변해야 한다. 이는 남아있는 동료들과의 신뢰 관계를 유지하는 데 도움이 된다.

퇴사 통보 후에는 업무 인수인계와 관련된 마무리 작업이 있게 된다. 이는 회사와 동료들에게 책임감 있는 모습을 보여주는 것으로 퇴사 후에도 긍정적인 이미지를 유지하는 데 중요하다. 인수인계 계획을 세우고 철저히 수행하는 것이 필요하다. 또한 인수인계 문서를 작성해 후임자나 동료들이 업무를 원활히 이어받을 수 있도록 돕는 것이 바람직하다.

퇴사 전 마지막으로 상사나 동료들과 인사를 나누게 된다. 작별 인사를 통해 그동안의 협력에 감사함을 전하고 이후에도 좋은 관계를 유지할 수 있도록 노력하는 것이 필요하다. 이는 동료들과의 긍정적인 관계를 유지하는 데 도움이 된다.

퇴사는 새로운 시작을 의미하지만 현재의 직장에서 마지막까지 최선을 다하는 모습은 당신의 프로페셔널리즘을 보여주는 중요한 기회다. 이 과정을 통해 당신의 미래에 대한 신뢰와 존경을 받을 수 있을 것이다.

2

퇴직한다고 하더라도
평판은 중요하니 관리해야 한다

　직장인에게 평판은 매우 중요하다. 그래서 "평판이 자격증"이라는 말이 있을 정도다. 좋은 평판은 좋은 자격증을 갖고 있는 것만큼이나 효용이 높다는 의미가 될 것이다. 특히 퇴사하는 사람에게 전임지의 평판은 이직하는 데 결정적 역할을 한다. 평판은 단순히 개인의 성과나 능력만을 평가하는 것이 아니라 그 사람의 인격, 태도, 협업 능력 등을 종합적으로 평가하는 척도이다. 이는 새로운 직장에서 그 사람을 어떻게 받아들일지를 결정하는 중요한 기준이 된다.

　무엇보다도 평판은 신뢰를 구축하는 데 중요한 역할을 한다. 직장 내에서 쌓은 평판은 동료나 상사, 심지어는 부하 직원들까지 그 사람에 대한 신뢰를 형성하는 기반이 된다. 신뢰는 업무 수행의 효율성과 직결된다. 예를 들어 평판이 좋은 사람은 맡은 바 업무를 책임감 있게 수행하고 동료들과의 협업에서도 긍정적인 역할을 한다는 믿음을 준다. 이러한 신뢰는 팀의 성과를 높이고 조직 전체의 분위기를 개선하는 데 이바지한다. 반면 평판이 나쁜 사람은 업무에 대한 신뢰를 얻기 어렵고 이는 협업 과정에서 갈등을 일으킬 수 있다.

신뢰는 단지 업무의 효율성뿐만 아니라 직장 내의 인간관계에도 큰 영향을 미친다. 평판이 좋은 사람은 동료들 사이에서 존경받고 필요할 때 도움을 받기 쉬운 환경을 조성한다. 이는 어려운 상황에서 지지와 협력을 끌어내는 데 큰 도움이 된다. 반면 평판이 나쁜 사람은 고립되기 쉽고 이는 스트레스와 업무 만족도에도 부정적인 영향을 미친다. 평판은 커리어 발전에도 직결된다. 직장에서 쌓은 평판은 앞으로의 커리어 경로에 큰 영향을 미친다. 이는 단순히 현재의 직장 내에서만이 아니라 이직할 때도 중요한 역할을 한다. 많은 기업이 채용 과정을 진행할 때 후보자의 전임지에서의 평판을 확인하는 절차를 거친다. 이는 그 사람이 새로운 환경에서도 잘 적응하고 소임을 성실히 수행할 수 있을지를 판단하는 중요한 기준이 된다. 따라서 전임지에서 좋은 평판을 쌓는 것은 이직 시 긍정적인 평가를 받을 수 있는 중요한 요소이다.

평판이 좋은 사람은 새로운 직장에서 신뢰를 기반으로 더 빠르게 적응하고 중요한 역할을 맡을 가능성이 높다. 이는 커리어의 연속성과 발전에 큰 도움이 된다. 또한 평판이 좋은 사람은 더 많은 기회를 받을 수 있다. 예를 들어 중요한 프로젝트나 리더십을 발휘하는 역할을 맡을 기회가 주어지며 이는 경력 발전에 있어서 큰 이점이 된다.

| 평판을 잘 쌓는다면 나를 보증하는 추천서가 된다

평판은 추천서와 인적 네트워크에도 영향을 미친다. 이직할 때 전임지의 상사나 동료로부터 추천서를 받을 수 있는 경우가 많다. 이 추천서는 새로운 직장에서 그 사람을 평가하는 데 중요한 참고 자료가 된다. 좋은 평판을 쌓은 사람은 강력한 추천서를 받을 수 있다. 또한 이직을 성공적으로 마무리하는 데 큰 도움이 된다. 반면 평판이 나쁜 사람은 이러한 추천서나 인적 네트워크의 도움을 받기 어렵다.

추천서는 단순히 그 사람의 업무 능력을 평가하는 것이 아니라 그 사람의 인격과 태도를 종합적으로 평가하는 자료이다. 따라서 좋은 평판을 쌓은 사람은 추천서에서도 긍정적인 평가를 받을 수 있다. 이는 새로운 직장에서 첫인상을 좋게 만드는 데 큰 도움이 된다. 또한 추천서는 새로운 직장에서 신뢰를 빠르게 구축하는 데 중요한 역할을 한다.

인적 네트워크는 직장생활에서 매우 중요한 요소인데 평판이 좋은 사람은 전임지의 동료들과 긍정적인 인적 네트워크를 형성할 수 있다. 이는 새로운 직장에서 정보나 기회를 얻는 데 중요한 역할을 한다. 예를 들어 새로운 프로젝트나 직무에 대한 정보를 더 쉽게 얻을 수 있어 경력 발전에서 큰 도움이 된다. 또한 인적 네트워크를 통해 새로운 직장에서 협업 과정에서 중요한 지원을 받을 수 있다. 이는 업무의 효율성을 높이고 성공적인 직장생활을 유지하는 데 큰 도움이 된다.

평판은 직장 내 관계를 형성하는 데 중요한 역할을 한다. 직장에서의 평판은 그 사람의 협업 능력과 직결된다. 평판이 좋은 사람은 동료들과의 관계에서도 긍정적인 평가를 받는다. 이는 협업 과정에서의 원활한 소통과 협력을 가능하게 한다. 특히 퇴사할 때도 전임지의 동료들과 좋은 관계를 유지하는 것은 중요하다. 이는 이직 후에도 지속적인 인적 네트워크를 유지하는 데 도움이 된다. 전임지에서의 긍정적인 평판은 새로운 직장에서 협업 과정에서도 좋은 영향을 미칠 수 있다.

직장 내 관계는 업무의 성과와 직결된다. 평판이 좋은 사람은 동료들과의 협업 과정에서 신뢰를 기반으로 효율적으로 일을 진행할 수 있다. 이는 팀의 성과를 높이고 조직 전체의 목표 달성에 이바지하는 중요한 요소이다. 또한 평판이 좋은 사람은 갈등 상황에서도 원만하게 문제를 해결할 수 있는 능력을 갖추고 있다. 이는 직장 내에서의 스트레스를 줄이고 긍정적인 업무 환경을 조성하는 데 큰 도움이 된다.

평판은 자기관리와도 직결된다. 평판이 좋은 사람은 자신의 업무뿐만 아니라 자신의 태도와 행동을 관리하는 데도 뛰어나다는 평가를 받는다. 이는 자기관리를 통해 지속해서 발전하고 긍정적인 변화를 추구하는 사람이라는 인식을 준다. 이러한 인식은 새로운 직장에서 그 사람을 신뢰하고 핵심적인 역할을 맡기는 데 중요한 기준이 된다.

자기관리는 단순히 업무 능력의 향상뿐만 아니라 개인의 전반적인 성장을 의미한다. 평판이 좋은 사람은 자신의 강점과 약점을 잘 파악하고, 이를 바탕으로 지속해서 개선하려는 노력을 기울인다. 이는 직장 내에서의 성과를 높이는 데 큰 도움이 되며 새로운 직장에서도 이러한 자기관리 능력이 긍정적으로 평가된다.

| 평판이 이직에 미치는 영향은 생각보다 매우 크다

퇴사하는 사람이 전임지에서의 평판을 유지하는 것은 이직할 때 매우 중요한 역할을 한다. 이는 새로운 직장에서 신뢰를 구축하고 성공적인 커리어를 이어가는 데 필수적인 요소이다. 전임지에서 좋은 평판을 쌓는 것은 단순히 개인의 능력을 평가받는 것이 아니라 그 사람의 전체적인 인격과 태도를 평가받는 것이다. 이는 새로운 직장에서 그 사람이 어떻게 받아들여질지를 결정하는 중요한 기준이 된다.

전임지에서의 평판은 이직 시 직무 적합성에 대한 중요한 참고

자료가 된다. 많은 기업은 채용 과정에서 후보자의 전임지에서의 평판을 확인해 그 사람이 새로운 환경에서도 잘 적응하고 성과를 낼 수 있을지를 평가한다. 이는 단순히 업무 능력뿐만 아니라 협업 능력, 책임감, 그리고 조직문화에의 적응력 등을 종합적으로 평가하는 과정이다. 따라서 전임지에서 좋은 평판을 쌓는 것은 이직 시 긍정적인 평가를 받을 수 있는 핵심적인 요소이다.

또한 전임지에서의 평판은 새로운 직장에서 첫인상에도 큰 영향을 미친다. 새로운 직장에서 동료나 상사들이 전임지에서의 평판을 바탕으로 그 사람을 평가하게 될 것이다. 이는 초기의 첫인상과 신뢰 구축에 결정적 역할을 할 수도 있다. 좋은 평판이 있는 사람은 새로운 직장에서 더 빠르게 신뢰를 얻고 중요한 역할을 맡을 기회를 더 쉽게 얻을 수 있음은 당연하다.

평판은 직장인에게 매우 소중한 '자격증'이다. 이는 단순히 개인의 성과나 능력만을 평가하는 것이 아니라 그 사람의 전체적인 인격과 태도를 종합적으로 평가하는 척도이다. 특히 퇴사하는 사람이 이직할 때 전임지의 평판은 새로운 직장에서 신뢰를 구축하고 성공적인 커리어를 이어가는 데 있어 필수적인 요소이다. 따라서 직장인이라면 평판의 중요성을 인식하고 긍정적이고 적극적으로 관리하는 노력을 기울여야 한다.

3
퇴직할 때는 가족의 지지를 얻어
미래를 함께 계획해라

퇴직은 개인의 인생에서 중대한 전환점이다. 이 시기는 새로운 시작과 도전의 기회로 가득 차 있다. 이러한 변화는 개인의 삶뿐만 아니라 가족의 삶에도 큰 영향을 미친다. 따라서 성공적인 퇴직을 위해서는 가족의 이해와 지지를 얻는 것이 무엇보다 중요하다. 그러면 가족과 함께 세우는 퇴직 계획은 언제야 할까?

퇴직 준비 과정에서 가족의 이해와 지지를 얻는 1단계는 솔직하고 개방적인 대화이다. 특히 자발적 조기퇴직의 경우에는 퇴직을 결심하기 전에 배우자와 자녀들과 충분히 대화를 나누어야 한다. 퇴직을 결심하게 된 이유, 퇴직 후 계획, 그리고 가족에게 미칠 영향에 대해 솔직하게 이야기해야 한다. 이러한 대화를 통해 가족들은 당신의 생각과 감정을 이해하고 그들이 느끼는 걱정이나 불안을 표현할 기회를 얻게 된다.

　가족과의 대화에서 중요한 것은 경청하는 자세이다. 퇴직을 앞둔 본인의 입장만을 강조하기보다는 가족들이 느끼는 감정과 의견을 존중하고 귀기울여야 한다. 이는 가족 구성원들이 자신의 의견이 존중받고 있다는 느낌을 받게 하여 퇴직 후 함께 맞이할 미래에 대해 긍정적으로 생각할 수 있도록 돕는다. 가족의 지지를 얻기 위해서는 상호 간의 이해와 신뢰가 바탕이 되어야 하기 때문이다.

| 재정계획을 짤 때는 가족과 꼭 함께해라

　문제는 정년퇴직이다. 자발적 조기퇴직은 대부분이 이직을 위한 것이기 때문에 예전에 직장생활을 하던 대로 지속하면 된다. 그러나 정년퇴직은 상황이 돌변한다. 따라서 무엇보다도 먼저 퇴직 후의 재정계획에 대해 가족과 함께 논의하는 것이 필요하다. 정년퇴직 후에는 소득이 줄어들 가능성이 높아서 재정적인 측면에서 신중한 계획이 필요하다. 가족과 함께 재정 상태를 점검하고, 예산을 재조정하며, 필요하다면 새로운 소득원을 모색해야 한다. 이러한 재정계획은 가족 전체의 안정을 도모하고 퇴직 후에도 경제적으로 어려움 없이 생활할 수 있도록 돕는다.

　퇴직 후의 재정계획을 세우는 과정에서는 현재의 재정 상태를 명확히 파악하고 공개할 필요가 있다. 가족과 함께 월별 지출과 수입을 분석하고 불필요한 지출을 줄이는 방법을 모색해야 한다. 또한 퇴직 후 발생할 수 있는 예상치 못한 지출을 대비해 비상 자금을 마련하는 것도 하나의 퇴직 준비가 된다. 이러한 재정계획을 통해 가족은 경제적 안정을 유지하며 퇴직 후의 생활을 더 평온하게 즐길 수 있다.

또한 퇴직 후의 일상 계획도 가족과 함께 세우는 것이 좋다. 정년퇴직 후 갑작스럽게 늘어난 여가 시간을 어떻게 보낼 것인지에 대해 가족과 논의해야 한다. 예를 들어 새로운 취미를 시작하거나 여행을 계획하는 등 퇴직 후의 삶을 더 풍요롭고 의미 있게 만드는 활동을 함께 결정하는 것이 좋다. 이는 가족들과의 유대감을 강화하고 퇴직 후의 생활에 대한 기대감을 높여준다.

퇴직 후 일상 계획을 세울 때는 가족과 함께 구체적인 목표를 설정하는 것이 좋다. 예를 들어 매주 특정 요일에 가족과 함께하는 시간을 정하거나 매달 한 번은 가족 여행을 계획하는 등 구체적인 일정을 세우는 것이다. 이러한 계획은 가족 구성원들이 함께 시간을 보내며 유대감을 강화하는 데 도움이 된다. 또한 퇴직 후의 생활에 대한 명확한 목표를 설정함으로써 삶의 만족도와 행복감을 높일 수 있다.

2단계는 가족과 함께 퇴직 후의 역할 분담을 명확히 하는 것이다. 정년퇴직 후에는 가정 내에서의 역할 변화가 있을 수 있다. 집안일이나 자녀 양육 등의 가사 업무를 어떻게 분담할 것인지에 대해 미리 계획하고 논의하는 것이 필요하다. 이는 가족 구성원 간의 갈등을 줄이고 보다 원활하게 새로운 생활에 적응할 수 있도록 돕는다.

예를 들어 퇴직 후에는 집안일을 분담하는 방식에 대해 가족과 논의해야 한다. 퇴직 전에는 직장생활로 인해 집안일에 참여할 시간이 부족했을 수 있지만 퇴직 후에는 더 많은 시간을 할애할 수 있다. 따라서 집안일을 분담함으로써 가족 구성원들의 부담을 줄이고 가정의 조화를 유지할 수 있다. 또한 자녀들과 함께하는 시간을 늘리기 위해 부모의 역할을 재조정하는 것도 중요하다.

| 가족의 지지가 더해져야 퇴직 후 삶이 수월하다

3단계는 건강한 삶과 정서적 지원에 관한 것이다. 먼저 퇴직자의 혁명적 발상 전환을 통해 건강한 삶을 어떻게 영위할 것인지 생각해봐야 한다. 육체적 건강과 정신적 건강을 유지하기 위해서는 규칙적인 운동과 올바른 식습관을 갖추는 것이 중요하다. 퇴직 후의 시간은 이러한 건강관리에 전념할 수 있는 최적의 시기이다. 규칙적인 운동을 통해 체력을 유지하고 명상이나 요가 등을 통해 정신적 안정을 찾는다면 보다 활기차고 긍정적인 삶을 살 수 있다.

특히 정서적 지원은 퇴직 후의 적응 과정에서 매우 중요하다. 퇴직은 감정적으로 큰 변화를 불러올 수 있기 때문이다. 이때 가족들의 정서적 지원은 큰 힘이 된다. 가족들이 서로에게 긍정적인 말을 건네고 격려하고 어려운 시기에 함께할 수 있도록 노력해야 한다. 이는 퇴직 후의 적응 과정을 더 수월하게 만들어주며 아울러 가족 간의 결속력을 강화한다.

4단계는 지속적인 소통과 피드백이다. 퇴직 후에도 더욱 가족과 소통하는 것이 중요하다. 퇴직 초기에는 다양한 변화로 인해 스트레스가 발생할 수 있다. 이때 가족들과의 빈번한 소통을 통해 서로의 감정과 생각을 공유하고 함께 해결책을 모색해야 한다. 이는 퇴직 후의 삶을 보다 안정적이고 행복하게 만들어준다.

가족과의 지속적인 소통은 퇴직 후의 삶을 더욱 풍요롭고 의미 있게 만든다. 가족 구성원들이 서로의 감정과 생각을 공유하고 서로를 지지하며 격려하는 것은 퇴직 후의 적응 과정을 수월하게 만들어주기 때문이다. 또한 가족 모임이나 대화를 통해 서로의 의견을 교환하고 퇴직 후의 계획을 재조정하는 것도 중요하다. 이는 가족 간의 유대감을 강화하고 퇴직 후의 생활에 대한 만족도를 높여준다.

이렇듯이 퇴직은 가족의 이해와 지지를 얻는 것이 필수적이다. 솔직한 대화, 재정계획, 일상 계획, 역할 분담, 정서적 지원, 그리고 지속적인 소통을 통해 가족과 함께 퇴직 계획을 세워야 퇴직이 성공한다. 이러한 과정은 가족 간의 유대감을 강화하고 퇴직 후의 새로운 삶을 더 풍요롭고 의미 있게 만들어줄 것이다. 가족과 함께하는 퇴직 계획은 이러한 삶을 실현하는 데 핵심적인 역할을 할 것이다.

4
퇴사 후 인맥 관리는 매우 유용한 자산이 될 것이다

　세상살이에서 인간관계, 특히 인맥 관리는 매우 중요하다. 세상살이 자체가 인간관계라고 해도 과언이 아니다. 특히 퇴사와 전직(이직)에 즈음하여 점검해보면 네트워크의 중요성은 절대적이라 할 만하다. 그래서 이 책 곳곳에서 네트워크를 강조하는 부분이 여러 번 등장한다. 네트워크는 단순히 사람들과의 관계를 유지하는 것을 넘어 새로운 기회를 창출하고 필요한 정보와 지원을 얻는 중요한 수단이기 때문이다. 그러면 평소에 어떻게 네트워크를 형성하고 관리해야 하는지 알아보자.

　먼저 인맥 관리의 중요성을 깊이 깨닫는 것부터가 출발점이다. 인맥은 우리가 새로운 직장을 찾거나, 창업하거나, 새로운 프로젝트를 시작할 때 매우 유용한 자산이 된다. 직장에서의 경험을 살펴보면 많은 기회와 정보가 인맥을 통해 얻어짐을 알 수 있다. 특히 퇴사를 앞두고 있을 때 신뢰할 수 있는 인맥은 중요한 정보와 조언을 제공해준다. 이는 새로운 직장을 구할 때뿐만 아니라 직장을 떠난 후의 삶에서도 지속적인 지원을 받을 수 있는 소중한 기반이 된다.

| 다양한 수단과 방법을 가리지 않고 인맥을 관리해라

퇴사 준비를 위한 인맥 관리는 어떻게 해야 할까? 우선 현재의 직장에서부터 시작하는 것이 좋다. 현재의 직장 동료들과 상사, 그리고 비즈니스 파트너들과의 관계를 잘 유지하고 강화해야 한다. 이를 위해서는 단순히 업무적인 관계를 넘어서 개인적인 신뢰를 쌓는 것이 필요하다. 서로에 대한 신뢰가 깊어질수록 더 많은 정보와 기회를 공유할 수 있기 때문이다. 중요한 프로젝트를 함께하거나 업무 외의 시간에 교류를 통해 서로를 더 잘 이해하고 협력하는 기회를 늘린다면 인맥은 자연스럽게 형성될 것이다.

또는 네트워킹 이벤트나 직업 모임에 적극적으로 참여하는 것도 인맥 형성을 위한 좋은 계기가 된다. 이벤트나 모임을 통해 다양한 사람들과 만날 수 있고 자연히 새로운 인맥을 구축할 수 있게 된다. 이러한 이벤트의 강점은 여러 분야의 다양한 사람들을 만날 수 있다는 것이다. 따라서 이들과의 교류는 새로운 시각과 정보를 얻는 수단이 된다. 특히 다른 업계에서 일하는 사람들과의 네트워킹은 더 많은 기회와 정보를 제공받을 수 있게 해준다. 네트워크에 관심이 있는 사람이라면 이러한 만남에서 단순히 인사를 나누는 관계로 끝내서는 안 된다. 좋은 기회를 낭비하는 것이 된다. 지속해서 연락을 유지하며 서로의 관심사와 필요에 대해 알아감으로써 단순한 인간관계를 넘어 인맥으로 강화되는 것이다.

때로는 더욱 적극적으로 온라인 플랫폼 같은 것을 활용하는 것도 하나의 요령이다. 링크드인LinkedIn과 같은 전문적인 네트워킹 사이트는 자신의 프로필을 업데이트하고 다양한 사람들과 연결될 수 있는 좋은 도구이다. 자기 경력과 성과를 정기적으로 업데이트하고 관심 있는 분야의 그룹에 참가하여 활동을 늘림으로써 같은 관심사를 가진 사람들과의 네트워크를 확대할 수 있으며 다양한 기회를 발견할 수 있다.

인맥 관리는 단순히 새로운 사람들을 만나는 것만이 좋은 것은 아니다. 기존의 인맥을 유지하고 강화하는 것도 매우 중요하다. 새로운 사람을 만나서 인맥으로 발전시키는 데 들어가는 노력과 정성이라면 기존의 사람들을 제대로 관리하고 사귀는 것이 훨씬 경제적이라 할 수 있다.

그동안 관계를 맺어왔던 기존의 인간관계를 인맥으로 업그레이드하기 위해서는 정기적으로 연락을 주고받고 만나는 것이 필요하다. 이는 단순히 친분을 유지하는 것을 넘어서 서로의 현재 상황과 필요에 대해 지속해서 공유하고 지원할 수 있는 기반이 된다.

또한 중요한 순간마다 도움을 받을 수 있는 사람들과의 관계를 잘 관리하는 것도 고려해야 한다. 예를 들어 중요한 결정이나 변화가 있을 때 조언을 구할 수 있는 멘토나 신뢰할 수 있는 친구들이 있다면 큰 도움이 될 수 있다.

| 진정성과 신뢰를 바탕으로 한 관계를 구축해야 한다

인맥 관리를 할 때 중요한 점 중 하나는 진정성과 신뢰를 바탕으로 한 관계를 구축하는 것이다. 단순히 이익을 얻기 위해 사람들과의 관계를 맺는 것은 오래가지 못한다. 상대방에게 진정한 관심을 가지고 서로를 지원하고 성장할 수 있는 관계를 만들어야 한다. 이는 신뢰를 바탕으로 한 깊은 관계를 구축하는 데 도움이 된다. 이러한 진정성 있는 관계는 서로에게 큰 힘이 되며 어려운 순간에도 큰 도움을 얻을 수 있게 된다.

또한 인맥 관리는 상호 이익을 위한 것이다. 단순히 도움을 받는 것에 그치지 않고 자신도 다른 사람들에게 도움이 될 수 있도록 노력해야 한다. 서로의 성공을 돕고 필요한 정보를 공유하며 함께 성장할 수 있는 관계를 만들어야 한다. 즉 상대방을 당신의 인맥으로 만들기 위해서는 당신 역시 상대방의 인맥이 돼야 하는 것이다. 인간관계에서 일방통행이란 결코 오래갈 수가 없는 것이다. 예를 들어 자신이 알고 있는 정보를 공유하거나 중요한 기회를 소개하는 등 서로를 돕는 노력을 기울이는 것이 필요하다.

퇴사 후에도 인맥 관리는 지속해서 이루어져야 한다. 퇴사 후에는 새로운 환경에 적응해야 하고 새로운 기회를 찾아야 한다. 이때 기존의 인맥은 중요한 지원과 정보를 제공해줄 수 있다. 또한 퇴사 후에는 새로운 분야나 업계로의 전환을 고려할 수 있어서 다양한 분야의 사람들과의 네트워크를 유지하는 것이 필요하다. 이를 통해 더 많은 기회와 정보를 얻을 수 있으며 새로운 도전에 대해 보다 잘 준비할 수 있다.

인맥 관리는 또한 장기적인 관점에서 접근해야 한다. 퇴사 후에도 지속해서 사람들과의 관계를 유지하고 새로운 인맥을 구축하는 노력을 기울여야 한다. 이는 단순히 직업적인 성공을 위한 것이 아니라 개인적인 성장과 행복을 위한 중요한 요소이다. 다양한 사람들과의 교류를 통해 새로운 시각을 얻고 자신의 인생을 풍요롭게 만드는 데 도움이 된다.

이렇듯이 퇴사를 생각한다면 자연스럽게 네트워크에 관하여 관심을 기울일 수밖에 없을 것이다. 아니, 퇴사뿐만 아니라 인생을 깊이 생각한다면 당연히 좋은 인간관계를 형성하도록 평소에 적극적으로 나설 필요가 있다. 이러한 노력을 통해 우리는 더 많은 기회와 성장을 경험할 수 있으며 성공적인 인생을 이어나갈 수 있는 것이다. 인맥 관리는 단순히 직장생활의 도구가 아니라 우리의 인생을 더욱 풍요롭게 만드는 중요한 자산임을 기억해야 한다.

[팁] 아는 사이와 인맥을 가르는 기준을 참고하자

인간관계를 맺고 있다고 해서 모두가 인맥은 아니다. 쉽게 말해서 그냥 아는 사이와 인적 네트워크는 분명히 다르다. 그러면 인간관계 중에서도 어떤 수준의 관계가 돼야 인적 네트워크, 즉 인맥이라고 할 수 있을까? 다음의 7가지가 그 기준이 된다.

1. 내가 그 사람의 인맥이라 할 수 있는가?
2. 서로 신뢰가 형성되어 있는가?
3. 불편함 없이 도움을 요청할 수 있는가?
4. 오랜만에 연락해도 편안한가?
5. 추억이나 경험이 공유되는 관계인가?
6. 친한 사이라는 인식이 있는가?
7. 사회적 연결고리가 분명한가?

[팁] 좋은 네트워크를 맺어 이직경쟁력을 높여라

이직경쟁력과 관련해서 관계(네트워크)의 중요성은 아무리 강조해도 지나치지 않다. 그럼 어떻게 하면 바람직한 '관계'를 형성할수 있을까? 기억하기 쉽게 단 하나의 단어를 꼽으라면 포트폴리오를 권한다. 포트폴리오는 원래 금융용어로써 분산 투자를 의미하는데 여기서는 적절한 배분, 즉 '균형'의 의미로 받아들이면 된다. 직장 내의 인맥과 직장 밖의 인맥 간에 포트폴리오를 고려해야 하며 관계를 맺는 사람들의 직업에도 한쪽으로 몰리지 않도록 포트폴리오를 구성해야 좋은 네트워크가 된다.

만약 당신이 친교를 맺고 있는 사람들이 같은 직장 내의 사람들뿐이라면 이직경쟁력으로서의 관계의 효용은 확 떨어진다. 설령 직장 밖의 사람들을 사귄다고 하더라도 모두가 한쪽 계통(예컨대 금융권)의 사람들이라면 그 또한 효용이 별로다. 따라서 인맥 설계를할 때는 직업적으로 골고루 분포시키는 것이 좋으며 사회생활을하는 데 징검다리 역할을 하고 도움을 받기에 비교적 좋은 사람들로 네트워크를 설계하는 것이 요령이다. "너무 계산적이지 않냐?"라고 할지도 모르나 그것이 직장생활의 지혜임은 틀림없다.

그러면 포트폴리오를 구성하되 '몇 사람과 관계를 맺으면 족한가?'라는 의문이 들 것이다. 다다익선은 아니다. 관계를 맺은 사람이 너무 많아 마당발이 되면 그 자체가 스트레스가 될 수 있고 자원의 낭비가 될 수 있다. 시간, 비용, 그리고 체력적 소모가 많다는 것이다. 이것은 사람의 성격과 상황에 따라 다를 것이나 개인적으로 감당할 수 있는 범위에서 다수인 것이 경쟁력과 관련이 있을 것이다. 그럼 어떻게 좋은 관계, 진정으로 믿고 의지할 인맥으로서의 관계를 형성할 수 있을까? 요령은 간단하다. 당신 자신이 먼저 상대에게 좋은 친구, 진정으로 믿고 의지할 친구가 되면 된다. 그것이 좋은 네트워크를 만드는 요령이다. 아시겠는가?

5장
—
회사 인간이 아닌
프리워커가 돼 살자

1
퇴사 후 일거리가 필요하다면
노력해야 한다

| 일거리 걱정에서 자유로운 사람은 이 세상에 없다

정년퇴직하는 사람이 가장 걱정하는 것은 '일거리'이다(여기서 '일거리'란 소득이 발생하는 '일자리'에서 취미활동 같은 '일거리'까지 통칭한다). 설령 경제적으로 풍요로운 사람이라 하더라도 일거리는 있어야 한다. 그냥 놀겠다고? 그것도 하루 이틀이다. "끊임없이 계속되는 휴일이란 지옥이나 다름없다."라고 버나드 쇼는 말했다. 그의 말이 아니더라도 계획도 목표도 없이 말 그대로 '그냥 놀면' 그것은 죽는 날을 기다리는 인생일 뿐이다.

그럼 어떻게 일거리를 만들어낼 수 있을까? 당연히 상당한 계획, 전략, 그리고 노력이 필요하다. 더구나 노후의 안정을 위하여 소득이 발생하는 일거리를 원한다면 더욱더 그렇다. 그 계획과 전략은 한두 마디로 될 성질인 것이 아니다. 그럼에도 다음의 5가지는 핵심적인 요령이 될 것이다. 이름하여 '일거리 만들기 5계명'이다. 기억하기 쉽도록 1번부터 5번까지 번호를 매겼다. 이것은 나의 저서 『은퇴경쟁력을 키워라』에서 제시한 바 있다.

| 일거리 만들기 5계명을 꾸준히 실천하라

1계명: 일거리보다 먼저 자기 자신을 찾는다

가장 중요한 것은 '과연 어떤 일을 하고 싶냐?'라는 것이다. 그러니까 일거리를 찾기 전에 자기 자신부터 확실히 알아야 한다. 당신의 간절한 꿈과 소망을 발견하는 것이 첫째이다.

또 하나는 당신의 능력과 소질을 확실히 아는 것이다. 예컨대 잘 아는 사람이 외식업으로 크게 성공했다고 해서 당신도 성공할 수 있는 것은 아니다. 개인의 성격상 죽었다 깨도 장사를 못할 사람도 있다. 사람마다 특질이 다르기 때문이다. 심지어 낯 두껍기나 배짱의 크기도 다르다. 강조하지만 일거리를 찾기 전에 당신 자신부터 확실히 아는 게 중요하다.

2계명: 퇴직 후 계획은 이르면 이를수록 좋다

입사한 그날부터 은퇴 달력 넘어간다.[*] 입사한 첫날부터 퇴직의 시계는 돌아간다. 입사한 그날부터 퇴직을 생각하라는 뜻은 아니겠지만 가능한 한 일찌감치 퇴직 후의 계획을 세우라는 강력한 표현일 것이다.

덧붙여 조언하자면 현직에 있으면서도 퇴직 이후의 일을 '걱정 (인식)'하는 사람은 일이나 사물, 그리고 사람을 대하는 자세가 달라진다. 꾸준히 궁리하게 된다. 그러다 보면 좋은 '거리'를 만들어 내게 된다. 더구나 앞으로의 세상은 한 직장에서 정년을 맞기보다 수시로 직업이동을 할 게 뻔하다. 그렇다면 정말이지 젊었을 때부터 미리미리 대비하지 않으면 안 된다. 당신의 은퇴 달력은 얼마나 넘어갔는가?

3계명: 최소 3년은 철저히 퇴직 연구를 해야 한다

이 글을 쓸 때 공교롭게도 지인이 운영하는 동해안의 펜션에 갔었다. 그는 나와 비슷한 시기에 주업인 직장에서 퇴직했는데 함께 일할 때부터 "퇴직하면 고향에 가서 펜션 사업을 하겠다."라고 늘 말했다. 그뿐만 아니라 그 구상을 꼼꼼히 설계했다. 그곳에서 1박하며 이야기를 나누면서 그가 현직에 있을 때 얼마나 사전 준비를 철저히 했는지 감탄했다. 또한 별별 까탈스러운 고객을 상대하며 뒤치다꺼리하는 고된 일을 하면서도 무척 즐겁게 일한다는 것에 깊은 인상을 받았다. 한편으로 부러웠다.

---

[*] 조선일보, 2011. 6. 28

3년을 연구하라고 꼭 '3년'을 말하는 것은 아니다. "서당 강아지
도 3년이면 풍월을 읊는다."라고 했으니 그 정도는 궁리하고 공부
해야 한다는 이야기다. 해야 할 일에 대하여 꽤 많은 시간을 투자
하여 시장조사와 사업계획 등등 철저히 연구하고 공부해야 한다
는 말이다. 예컨대 음식점을 하겠다면 전국의 소문난 음식점을 찾
아가보고 TV에 소개되는 '음식 달인'들의 비법을 배우고 연구하는
등 오랜 시간 공을 들여 철저히 준비해야 한다. '대충 철저히' 해서
남보다 앞설 수는 없다.

4계명: 사업에 관한 과욕을 부리지 않는다

퇴직 후의 일거리라면 자꾸 '사업'을 생각하는 경향이 있다. 평생
샐러리맨을 한 사람일수록 '자기 사업'을 하며 '사장' 소리를 듣고
싶어 한다. 물론 그렇게만 된다면 얼마나 좋겠는가? 그러나 과욕을
부리면 안 된다. 사업이란 위험성이 상존함을 잊어서는 안 된다. 더
구나 나이 든 퇴직자가 '아차!' 실패하면 재기하기가 힘들 뿐 아니
라 나락으로 떨어질 수 있다. 따라서 사업을 하더라도 '1인 기업'이
나 '프리랜서' 등 소박하게 시작하기를 권한다. 그러다가 '이거다!'
싶으면 그때 규모를 키워도 좋으니까 노후의 과욕은 금물이다.

5계명: 오판을 예상하고 대비책을 세운다

열심히 연구하고 결단을 내려 일거리를 만들었지만 결과적으로
'오판'이 될 수도 있다. 더구나 자금 투입이 많았다면 퇴직자로서 절

망할 수도 있다. 따라서 모든 계획은 최악의 상황에 대비해야 한다.

이민규 교수는 저서 『실행이 답이다』에서 "최악의 시나리오를 예상하고 플랜 B를 준비하라."라고 충고했다. 용감무쌍한 나폴레옹은 이렇게 말했다. "작전을 세울 때 나는 세상에 둘도 없는 겁쟁이가 된다. 상상할 수 있는 모든 위험과 불리한 조건을 과장해보고 끊임없이 '만약에?'라는 질문을 되풀이한다."

마찬가지이다. 일거리를 만드는 것 못지않게 가능한 모든 위험 요인을 찾아내 그에 대한 대비책을 세워야 한다.

어떤가? 당신은 지금 퇴직 이후에 어떤 일을 하려고 생각하는가? 그 일에 대해 꼼꼼한 체크를 해보았는가? 아니면 막연히 '멋진 일' '돈 되는 일', 아니면 '그거라도 할 수밖에 없는 일'을 구상하는 것은 아닌가? 또는 막연한 자신감으로 헛된 꿈을 좇고 있는 것은 아닌가? 5계명에 맞춰 점검해보자. 아무쪼록 당신에게 딱 맞는 좋은 일거리를 찾게 되길 빈다.

2
창업은 상상력과 창의력의
새로운 업 창출이다

직장인들은 퇴사와 더불어 창업創業을 꿈꾼다. 퇴사가 로망이듯이 창업 또한 그렇다. 자기 직업, 자기 회사를 만들고 싶어 한다. 그래서 퇴사한다. 지금은 창업의 시대다. 그런데 창업이라면 자꾸만 '회사'나 '사업체'를 머리에 떠올린다. 그 생각부터 수정할 필요가 있다. 회사나 사업체의 형태를 생각하니 창업이 어려워진다. 더구나 자금과 경험까지 없다면 더욱더 말이다.

그런 형태가 아니라도 자기가 할 일자리를 만들어내면 그것이 창업이다. 예컨대 프리랜서가 되거나 1인 기업을 하는 것처럼 업業을 만들어내면創 그것이 창업이라는 말이다. 창업이 꿈이라면 기존의 직업들에 연연하지 말고 '업'을 '창'하기를 권한다.

"창업이 생각처럼 쉽냐?"라고 물을 것이다. 물론 어렵다. 실제로 창업을 한 사람의 21%가 또다시 샐러리맨으로 되돌아간다고 한다. 게다가 창업 후의 월 평균 소득이 '직장생활에 비해 적거나 매우 적다.'라고 응답한 비율이 절반이 넘는 53.2%에 달했다. 이처럼 창업 자체도 힘들지만 수성하는 것은 더 힘들다. 창업이 꿈과 의욕만으로 이뤄지는 것이 아니라는 말이다.

창업이란 말 그대로 업業을 만들어내는 것이다. 직업을 창조하는 것이다. 따라서 음식점이나 판매점 등 길거리에서 쉽게 눈에 띄는 기존의 업종에 눈독을 들이지 말고 상상력과 창의력을 최대한 발휘하여 새로운 '업'을 창출해야 한다. 그래야 경쟁에서 이길 수 있는 블루오션을 만들어낼 수 있다.

| 창업하기 전에 공부하며 발품을 팔아라

"창업이 좋은 걸 누가 몰라? 일거리가 없으니까 그러지." 이렇게 푸념하는 사람들이 많을 것이다. 그러나 생각하기 나름이고 '의지'의 문제다. 깊이 궁리하고 찾아보면 할 수 있는 '업'은 많다. 업이 많다는 것은 생각하는 것보다 창업이 의외로 쉬울 수도 있다는 말이 된다. '창업'이라면 으레 '장사'하는 것을 머리에 떠올리는 사람이 많은데 그것만이 창업은 아니다. 사무직 창업도 있을 수 있고 연구직 창업도 가능하다. 혼자 할 수 있는 업도 있고 여럿이 함께 할 수 있는 일도 있다. 회사의 형태일 수도 있고 아닐 수도 있다. 삶샅이 뒤지고 연구하여 업을 찾아야 한다. 국내에서만 찾지 말고 외국에는 어떤 직업이 있는지도 깊이 있게 살펴봐야 한다(이런 것은 구글에서 '성공적인 스타트업'이라고 검색해도 무수한 자료가 나온다). 어느 시민단체에서는 우리가 거의 들어보지도 못한 1,000가지 직업을 소개하기도 했다.

당신이 가장 하고 싶은 것을 찾을 수도 있고 가장 잘하는 것에서 찾을 수도 있다. 그리고 가장 중요한 핵심은 '남과 다르게 잘할 수 있느냐'는 점이다. 남과 다르게 잘할 수만 있다면 기존의 업에서 경쟁해도 승산이 있다. 그에 대한 정보는 넘쳐난다. 신문을 비롯한 각종 매체에서 심층적으로 다루고 그에 관한 책도 많이 나와 있다. 그런 것에 관련된 책 열 권만 읽어보라. 금세 길이 보인다. 이참에 한 번 물어보겠다. 지금까지 퇴직이나 노후에 관한 책을 몇 권이나 읽어봤나? 한두 권 봤다면 아직 멀었다. 그런 식으로 해서 어떻게 일거리와 일자리를 만들어내는가? 어떻게 퇴직경쟁력을 갖출 수 있는가? 공부해야 한다. 자격증을 따는 것만 공부가 아니다. 불안한 마음에 이것저것 자격증을 따는 사람이 있는데 자칫 고생만 하고 무용지물이 되는 수가 많다. 따라서 그 이전에 어떤 업을 만들어내어 어떤 노후를 맞을 것인지부터 심도 있게 공부해야 한다.

그뿐만 아니다. 주위를 살펴보면 멋지게 제2의 인생을 살고 있는 롤모델을 찾을 수 있는데 발품을 팔아서 그들을 직접 찾아 한 수 배울 수도 있다. 문제는 퇴직 이후를 준비하는 마음의 자세이자 용기 있게 결단하고 실행하는 행동력이다. 노력이든 돈이든 투자하지 않고 좋은 결과를 기대할 수는 없다. 투입Input 없이 산출Output은 당연히 없다.

업業을 창創하는 것에는 두 가지 방식이 있다. '일거리'를 만드는 것과 '일자리'를 만드는 것이 그것이다. 이 둘의 사이에는 밀접한 상호연관성이 있다. 일거리를 만들다 보면 그게 일자리가 되는 경우가 많기 때문이다. 특히 젊은 퇴직자가 아닌 정년퇴직자의 경우에는 업을 만들어내더라도 일자리보다는 일거리에 중점을 두는 것도 하나의 방법이다. 우리는 '일거리'라면 꼭 '직장'과 '월급'을 머리에 떠올리는 경향이 있다. 돈벌이가 되어야 일거리인 줄 안다. 그거야말로 상상력의 부족이자 편협한 발상이다. 화려한 제2의 인생을 만드는 방법은 다양하다. 꿈이 있다면 '거리'는 얼마든지 만들어낼 수가 있다.

| 열심히 잘 노는 것도 훌륭한 일거리가 되기도 한다

결론적으로 직장으로서의 '일자리'를 만들기는 쉽지 않더라도 자기의 가치를 실현하고 보람을 느낄 '일거리'는 쉽게 찾을 수 있다는 말이다. 꼭 돈벌이가 되는 것이 아니라도 소중한 '창업'이 된다는 말이다. 심지어 잘 노는 것도 훌륭한 일거리일 수 있다.

잘 노는 것도 창업이라고? 내 친구를 소개한다. 솔직히 말해 그는 크게 두드러진 사람은 아니다. 직장생활 내내 동기들에 비해 오히려 뒤처진 형편이다. 그렇다고 그가 불성실하거나 농땡이를 치는 스타일은 아니다. 누구보다도 성실한 사람이지만 조용한 성격이라 사람들과 잘 어울리지 않았다. 그래서인지 직장생활에서 크게 빛을 보지 못했다(정확한 이유를 찾을 수가 없으니 그냥 팔자라고 해두자). 그렇게 정년을 맞았다. 정년퇴직 후 그도 다른 사람과 마찬가지로 일거리를 찾아 나섰다. 그러나 가능한 일이 아니었다.

그럭저럭 2년쯤 지난 어느 날 그는 코페르니쿠스적인 발상 전환을 한다. 즉 그냥 놀기로 작심한 것이다. 직장을 찾으려니 스트레스가 되고 괜히 주눅이 드는 자신을 발견하고 아예 당당하게 놀기로 결단했다. 안 되는 일에 매달려 전전긍긍하다가는 건강을 해쳐 수명을 단축할 것 같았기 때문이다. 우선 현실을 냉정히 계산해 봤다. 살고 있는 아파트를 포함하여 매달 약간씩 나오는 국민연금, 아끼고 절약하여 저축한 현금, 아플 때 대비하여 젊은 시절부터 납부했던 실비보험 등등을 모두 계산해보니 죽을 때까지 최소한의 생계는 가능하다는 판단이 섰다. 그래서 그냥 놀기로 한 것이다.

그렇게 놀기로 작심하니 신천지가 전개되는 것 같았다. 그 대신 제대로 놀기로 했다. 바꾸어 말하면 노는 것을 일거리로 만들기로 작심한 것이다. 비용지출을 최대한 줄이기 위해 지자체 등 공공기관에서 운영하는 '공짜' 교육 프로그램을 조사해 최대한 활용하기로 했다. 공공 체육시설을 이용하여 운동도 하고 학창 시절 이후 거들떠보지 않았던 영어에도 도전했다. 그의 이야기를 들으면서 감탄했다. 그런 노후 대책도 있다는 것에 놀랐다. 그의 스토리를

다 쓰자면 끝이 없다. 결론을 말하겠다. 그는 지금도 잘 논다. 놀지만 그냥 소일하는 게 아니다.

한 달의 스케줄과 1년의 계획이 짜임새 있게 설정되어 있다. 공공기관에서 받는 평생교육, 자원봉사, 그것을 통해 새롭게 사귄 사람들과의 등산 또는 해외여행, 여행에서 찍은 사진 정리, 요리 등 가사 돕기 등등. 그 모든 것을 그는 놀이처럼 즐긴다. 그를 만나보니 직장생활을 할 때보다 훨씬 자신만만하고 활기찼다. 전혀 다른 사람으로 변해 있었다. 30여 년 동안의 직장생활에서 사귄 사람보다 훨씬 더 다양한 사람을 알게 됐다고 한다. 내가 보기에 그것은 그 사람다운 일거리이자 일자리이다. 그는 퇴직 후 그이다운 '자기 세상'을 만들어냈다. 누가 뭐래도 자기만의 업을 만들어냈다.

연금 등 사회보장이 잘 된 선진국에서는 우리와 달리 은퇴 후의 '업'을 내 친구처럼 잘 노는 것으로 삼는 경우가 많다. 많은 전문가가 죽을 때까지 일해야 한다고 말하는데 짧은 인생을 어찌 일만 하며 보내는가?

꼭 돈벌이가 되거나 꼬박꼬박 출퇴근하는 것이어야 직업이 되고 직장이 되는 것은 아니다. 자신이 꿈꾸며 도전하고 있는 것이 있다면 그 또한 직업이다. 당신이 일하는 곳이라면(심지어 커피숍의 한구석이라도) 그곳이 어디든 직장이 되는 시대이다.

자, 이제 창업에 관한 생각이 정리됐는가? 당신은 어떤 창업을 꿈꾸는가?

3

퇴사 후에 일을 하지 않고
노는 것도 훌륭한 전략이다

노는 것도 창업이라는 이야기를 하다 보니 퇴직 이후 노는 것에 대하여 좀 더 이야기를 전개해야겠다. 만약 어느 직장인이 정년퇴직이든 자발적 조기퇴직이든 직장생활을 그만두고 그냥 놀기로 작정했다면 어떨까? 이건 사실 혁명적 발상의 전환이라 할 만하다. 사람들은 퇴직 후에 또다시 일자리를 만들기 위해 애쓰는 것이 상식처럼 돼 있기 때문이다. 퇴직, 특히 노후와 관련된 수많은 책을 보면 하나같이 "100세 시대니까 죽을 때까지 일하라."라고 충고한다. 퇴직 이후에도 또 다른 일거리를 만들어 일을 하라고 권한다. 놀지 말라고 강요(?)한다. 그런데 퇴사 후 그냥 놀겠다고?

그래 맞다. 퇴사 후에 그냥 노는 것도 훌륭한 퇴사 전략의 하나다. 사람은 저마다 성격이 다르고 성향이 다르며 가치관이 다르다.

죽을 때까지 일하는 것에 가치를 두는 사람이 있는가 하면 때로는 그냥 노는 것에 삶의 가치를 두는 사람도 있다.

| 아무 생각 없이 놀지 말고 놀 때는 당당하게 놀아라

내 친구 이야기를 해야겠다. 그는 금융기관에서 톱의 위치에 올랐던 사람이다. 그런 그가 임기를 채우고 퇴직했다. 자, 이제 뭘 한다? 또 일자리를 알아보고 다닌다? 아니다. 그는 그냥 놀기로 했다. 현직에 있을 때 그만큼 일했으면 됐고 그만큼 스트레스를 받았으면 충분했다고 판단한 것이다. 2막 인생을 그냥 놀기로 작심하고 그 계획을 말했을 때 아내가 흔쾌히 승낙했다. 역시 그 남편에 그 아내다. 이렇게 통해야 한다.

그는 곧 실행에 옮겼다. 서울의 집을 처분하고 충주로 내려갔다. 충주는 고향도 아니었지만 그곳이 마음에 들었다고 했다. 그는 그곳에 아담한 집을 짓고 본격적으로 놀기에 들어갔다. 그는 집안의 현관에 이런 현판을 붙여놓았다.

'오늘은 뭐 하고 놀까?'

이 이야기를 내게 들려주며 그는 힘주어 말했다.

"나는 그냥 놀기로 했다."

그는 당당하게 잘 논다. 여러 가지 놀이를 궁리하면서 잘 논다. 그냥 하고 싶은 일을 놀이처럼 하는 것이다.

"나는 그냥 놀기로 했다."라는 결심은 단순히 일상에서 벗어나기 위한 도피가 아니라 퇴직 후의 삶의 질을 높이기 위한 중요한 선택이다. 놀이를 통해 우리는 스트레스를 해소하고 건강을 유지하며 창의성과 문제 해결 능력을 기를 수 있다. 다양한 형태의 놀이를 통해 우리는 더 풍부하고 의미 있는 삶을 살 수 있는 것이다. 그럼에도 사람들은 퇴직 후 '논다.'라는 것에 대해 당당하지 못하다.

퇴역한 지 몇 달 된 장군을 만난 적이 있다. 그와 인사를 나누고 명함을 건넸는데 그가 겸연쩍은 표정으로 말했다.

"저는 요즘 명함이 없습니다."

왜 그런지 금방 감을 잡았지만 나는 짓궂게 되물었다.

"왜 명함이 없으세요?"

그가 답했다.

"전역한 지 얼마 안 돼서 요즘 놀고 있습니다."

이게 현실이다. 이런 말을 하는 퇴직자를 당신도 만난 적이 있을 것이다. 요즘 퇴직해서 놀고 있기에 명함이 없다며 뒷머리를 긁는 사람을 말이다.

놀고 있다면 명함의 직업란에 '논다.'라고 확실하고 당당하게 표기하라는 것이 나의 주장이다. 그런 사람이라면 놀아도 그냥 노는 게 아니라 계획적으로 놀 것이며 연구하면서 놀 것이다. 논다는 것에 대한 나름의 기준과 신념이 있을 것이다.

| 의미 있게 노는 건 삶을 풍요롭게 하며 빈둥거리는 게 아니다

'노는 것'. 이 단순한 한마디는 어쩌면 우리 사회에서 가장 오해받고 있는 단어일지도 모른다. 먼저 노는 것의 의미를 다시 정의해야 한다. 노는 것은 단순한 오락이 아니라 자신을 표현하고, 새로운 것을 탐구하고, 세상과 소통하는 방법이다.

'노는 것'의 의미는 단순히 아무것도 하지 않고 빈둥거리는 것을 의미하지 않는다. 그것은 마음의 여유를 찾고 자신이 진정으로 좋아하는 일을 하며 시간을 보내는 것이다. 예를 들어 책 읽기를 즐기는 사람이라면 독서하는 것도 노는 것이 될 수 있다. 현직에 있을 때 도무지 바빠서 책 한 권 읽기도 힘들었지만 이제는 시간을 내어 마음껏 책을 읽을 수 있다면 잘 노는 것이다. 그 놀이로서의 독서가 새로운 세계를 열어주고 다양한 지식과 통찰을 제공해줄 것이며 삶을 가치 있게 할 것이다.

또한 여행을 놀이로써 좋아할 수도 있다. 여행은 새로운 문화와 사람들을 만날 기회를 제공하고 세상을 보는 시야를 넓혀준다. 새로운 장소를 탐험하며 얻는 경험은 그 어떤 것과도 바꿀 수 없는 소중한 자산이자 기쁨이다. 이처럼 노는 것은 단순히 시간을 소비하는 것이 아니라 자기 자신과 삶을 풍요롭게 만든다.

예술도 중요한 놀이 중 하나다. 그림을 그리거나 곡을 연주하며 내면의 감정을 표현하고 창의성을 발휘할 수 있다. 예술을 통해 나 자신을 더 깊이 이해하고 세상과 소통할 수 있는 방법을 찾을 것이다. 이러한 활동들은 큰 만족감을 주며 삶의 의미를 더해준다.

놀기는 단순히 시간을 때우는 행위가 아니다. 그것은 인간이 본능적으로 추구하는 자유와 창의성의 표현이며 삶의 질을 향상하는 중요한 요소다. 놀기는 다양한 형태로 나타날 수 있다. 스포츠나 야외 활동, 여행, 예술과 문화 활동, 독서, 게임, 심지어는 단순히 아무것도 하지 않는 휴식까지도 포함된다. 각자에게 맞는 놀이의 형태는 다르지만 그 핵심은 즐거움과 만족을 느끼는 것이다.

결국 노는 것이 단순히 '아무것도 하지 않는 것'이 아님을 깨달아야 한다. 그것은 당신 자신을 위한 시간이자 삶을 풍요롭게 만드는 또 하나의 '일거리'다. 노는 것은 삶의 중요한 일부이며 이를 통해 더욱 행복하고 만족스러운 삶을 살 수 있다. 놀기를 통해 얻을 수 있는 즐거움과 가치를 만끽하며 당신만의 방식으로 퇴직 후의 삶을 살아갈 것을 권한다.

4

일하지 않고 노는 것에도
어느 정도의 조건은 필요하다

내 친구는 정년을 몇 년 앞두고 퇴사했다. 그런데 퇴사한 이유가
의외다. "그냥 놀겠다."라는 게 이유다. 현직에 있을 때 회사에 큰
사고가 있었고 엉겁결에 친구가 그 사고에 휘말리면서 엄청난 스
트레스를 겪었기 때문이다. 결국 그 사고와 친구 간에는 관계가 없
음이 판명됐지만 직장생활에 회의를 느꼈고 그래서 그만둔 것이
다. 그리고 그냥 놀기로 한 것이다.

이렇게 사고와 연결된 것이 아닐지라도 퇴사 후 아무 일도 하지
않고 그냥 놀겠다는 사람들이 늘어나고 있다. 이는 현대 사회에서
일에 지친 사람들이 휴식을 갈망하며 자신을 돌아보는 시간을 갖
기 위해 선택하는 것이다. 그러나 그냥 논다고 말 그대로 그냥 노
는 것은 아니다. 그것에도 나름의 충분조건이나 필요조건이 있는

것이다. 예컨대 돈이 없다면 놀고 싶어도 놀 수가 없다. 그래서 이번 장에서는 '퇴사 후 그냥 노는 것의 조건'에 대하여 깊이 있게 다뤄보겠다.

| 놀려고 해도 돈이 없으면 아무 소용 없다

조건의 첫째는 경제력이다. 뭐니 뭐니 해도 머니(돈)가 없으면 아무 소용 없다. 퇴사 후 아무 일도 하지 않고 지내기 위해서는 우선 재정적 안정성을 확보해야 한다. 이는 가장 중요한 조건 중 하나다. 직장을 그만두고 소득이 없어지면 생활비를 비롯한 다양한 비용을 감당할 수 있는 자금이 필요하다. 이를 위해 충분한 저축이 필수적이다. 퇴사 전에 생활비, 주거비, 건강보험료, 기타 필수적인 지출을 고려한 예산을 세우고 준비해야 한다. 또한 예상치 못한 상황에 대비해 비상 자금을 마련하는 것도 중요하다. 갑작스러운 의료비나 기타 예기치 못한 지출에 대비할 수 있는 자금을 확보해두는 것은 필수적이다. 재정적 준비가 되어 있지 않다면 퇴사 후의 생활은 경제적 불안정으로 인해 오히려 더 큰 스트레스가 될 수 있다.

둘째는 가족의 이해와 지지다. 퇴사 후 아무 일도 하지 않고 그냥 놀기로 작정했다면 이는 개인의 결단일 뿐만 아니라 가족의 동의와 협력 또한 필수적이다. 가족의 지지 없이 이러한 결단을 내리는 것은 현실적으로 어려울 수 있으며 가족과의 관계에도 큰 영향을 미칠 수 있다.

앞에서 첫째 조건으로 꼽은 재정적 안정성만 해도 그렇다. 이는 가족 구성원들에게도 영향을 미치는 중요한 요소로써 직장을 그만두고 그냥 놀면 가정의 전체적인 재정 상황에 변화가 생길 수 있다. 이에 대하여 가족의 이해와 동의가 중요한 이유는 경제적 부담을 혼자만 감당하는 것이 아니라 가족 전체가 함께 나눠야 하기 때문이다. 이를 위해 가족들과 솔직한 대화를 나누는 것이 필요하다. 왜 퇴사 후 휴식을 취하려는지, 이 기간에 어떤 계획이 있는지, 그리고 이러한 결정이 가족에게 어떤 영향을 미칠지를 명확히 설명해야 한다. 가족 구성원들이 이 결정의 이유와 필요성을 충분히 이해한다면 재정적 안정성을 유지하기 위한 협력과 지원을 받을 수 있을 것이다.

셋째는 건강이다. 퇴사 후 아무 일도 하지 않고 지내면서 건강을 유지하는 것은 필수다. 일하지 않는 동안 신체적 건강과 정신적 건강을 유지하기 위해 규칙적인 운동과 건강한 식습관을 유지해야 한다. 이는 단순히 체력을 유지하는 것을 넘어 전반적인 삶의 질을 높이는 데 필수적이다. 규칙적인 운동은 신체 건강뿐만 아니라 정신 건강에도 긍정적인 영향을 미친다. 조깅, 요가, 수영 등 다양한 운동을 시도해보고 자신에게 맞는 운동을 찾아 규칙적으로 실천할 필요가 있다. 건강한 생활 습관은 설령 놀더라도 퇴사 후의 삶을 더 활기차고 만족스럽게 만들어준다.

넷째는 사회적 관계를 유지하는 것이다. 놀더라도 사회적 관계를 유지하는 것이 중요하다는 말이다. 직장을 그만두면 동료들과의 관계가 자연스럽게 줄어들 수 있다. 그러나 가족, 친구, 지인과의 교류를 지속해서 유지하는 것이 필요하다. 이는 사회적 고립감을 예방하고 정서적 지지망을 유지하는 데 도움이 된다. 퇴사 후에는 새로운 사람들을 만나거나 기존의 관계를 더욱 깊이 있게 발전시키는 기회를 가질 수 있다. 예를 들어 봉사활동에 참여하거나 동호회나 모임에 나가보는 것도 좋은 방법이다. 그럼으로써 새로운 친구를 사귀고 다양한 경험을 쌓을 수 있다. 또한 온라인 커뮤니티나 소셜 미디어를 통해 사람들과의 교류를 이어가는 것도 좋은 방법이다. 이러한 사회적 관계는 퇴사 후의 삶을 더욱 풍요롭게 만들어준다.

| 놀기 위해 관심사를 개발하고 스스로를 되돌아보자

다섯째는 놀거리다. 취미와 관심사를 개발해야 한다는 말이다. 그냥 논다고 해서 죽치고 잠만 잘 수는 없는 노릇이며 멍청하게 '멍때리기'만을 할 수도 없다. 따라서 놀거리를 찾아야 한다. 평소에 하고 싶었지만 시간적 여유가 없어 못 했던 활동들을 할 기회다. 음악, 미술, 요리, 운동 등 다양한 분야에서 자신이 즐기고 열정을 가질 수 있는 활동을 찾고 즐거움을 느끼는 것이 중요하다. 이러한 취미와 관심사를 갖는 것은 '그냥 노는 것'의 격을 높여주게 된다. 노는 시간을 더욱 풍요롭게 만들어준다.

　여섯째는 자아 성찰과 성장이다. '그냥 놀겠다.'라는 것은 직장 생활 등 경제활동을 하지 않겠다는 것이지 아무것도 안 한다는 의미는 아니다. 퇴사 후 그냥 논다고 해서 무의미하게 시간을 보내는 것이 아니다. 이는 자신을 돌아보고 성찰하는 시간으로 활용할 수 있다. 지금까지 바쁘게 살아오면서 놓쳤던 것들을 되돌아보고 앞으로의 삶에서 무엇이 중요한지 생각해보는 것이다. 이를 통해 자신의 가치관과 목표를 재정립하고 더 나은 자신을 만들어갈 수 있다. 이러한 자아 성찰과 성장은 퇴사 후의 시간을 더욱 의미 있게 만들어준다. 자신이 진정으로 원하는 것이 무엇인지, 무엇을 위해 살아가야 하는지에 대해 깊이 생각해볼 수 있는 시간이 된다. 이 과정에서 일기 쓰기나 명상을 통해 자기 생각을 정리하고 미래에 대한 비전을 구체화하는 것도 도움이 된다.

　일곱째는 퇴사 후에 일상의 환경을 변화시키고 새로운 경험을 쌓는 것이다. 이는 자신의 시야를 넓히고 새로운 인사이트를 얻는 데 도움이 된다. 여행을 통해 새로운 문화를 경험하거나 다른 지역으로 이사해 새로운 환경에서 생활해보는 것도 좋은 방법이다. 이러한 환경 변화와 새로운 경험은 개인의 성장을 촉진하고 삶에 새로운 활력을 불어넣는다. 새로운 장소에서 생활은 새로운 사람들을 만나고 새로운 활동을 시도해볼 수 있는 기회를 제공한다.

　마지막으로 퇴사 후 그냥 논다고 해도 유연한 태도와 긍정적인 마음가짐을 유지할 필요가 있다. 놀기로 작심했지만 인생사란 생각대로 되지 않는 경우가 많다. 예상치 못한 상황이 발생할 수 있으며 계획이 틀어질 수도 있다. 이러한 경우에도 유연하게 대처하고 긍정적인 시각으로 상황을 바라보는 것이 필요하다. 이는 스트레스를 줄이고 삶을 더 즐겁게 만들어준다. 또한 자신에게 너무 큰 압박을 주지 않고 느긋하게 자신만의 속도로 시간을 보내는 것이 중요하다. 퇴사 후의 삶은 자신이 주도권을 가지는 시간이다. 이를 충분히 누리고 자신에게 맞는 속도와 방식으로 지내는 것이 중요하다.

결론적으로 퇴사 후 아무 일도 하지 않고 그냥 논다는 것은 단순히 시간을 보내는 것이 아니라 재정적 안정성, 명확한 계획과 목표, 건강관리, 사회적 관계 유지, 자아 성찰과 성장, 취미와 관심사 개발, 유연한 태도와 마음가짐, 지속적인 학습과 자기계발, 환경 변화와 새로운 경험 등 다양한 조건을 충족해야 하는 것이다. 이러한 조건들이 충족되면 퇴사 후의 시간을 더욱 풍요롭고 의미 있게 보낼 수 있다. 따라서 단순히 아무 일도 하지 않는 것이 아니라 자신을 위한 의미 있는 시간을 만들어가는 것이 퇴사 후 그냥 노는 것의 진정한 의미라고 할 수 있다.

5

5년 후 10년 후를 상상하며
경력 경로를 짜라

우리는 평생 몇 번이나 퇴사하게 될까? 물론 개인의 경력, 산업, 경제 상황 등에 따라 차이가 있을 수 있지만 일반적인 통계를 통해 평균적인 경향을 살펴볼 수 있다. 미국 노동 통계국BLS, Bureau of Labor Statistics에 따르면 미국인은 평균적으로 약 12번 직장을 바꾼다고 한다. 우리나라의 경우에는 약 4~5번 직장을 바꾸는 것으로 알려져 있다. 조사에 따라서는 일생에 30여 번 직장을 바꾼다는 통계도 있다.

평균을 넘어서 습관적(?)으로 직장을 자주 옮기는 행위를 '잡 호핑job hopping'이라 하고 그런 사람을 '잡 호퍼job hopper'라 하는데 우리식으로 표현하면 바로 '메뚜기족'이다. 한 자리에 정착하지 못하고 메뚜기처럼 수시로 여기저기 뛰어 옮긴다는 말이다.

습관성 메뚜기족은 처음에는 다양한 경력으로 쉽게 직장을 옮기는 능력자로 평가받을 수 있다. 하지만 시간이 흐르며 빈도가 높아지면 오히려 경력 관리를 잘 못하는 사람으로 평가받게 되어 기업에서도 꺼리는 사람이 될 수 있다. 특히 젊은 세대 사이에서 흔히 볼 수 있는 메뚜기족의 실상은 여러 측면에서 이유를 밝힐 수 있다. 첫째, 많은 사람이 직장에서의 불만족으로 인해 메뚜기족이 된다. 이건 당연한 이유다. 직장의 업무환경이 열악하거나 상사와의 관계가 좋지 않은 경우, 또는 자신이 하는 일이 자기 능력과 맞지 않거나 더 큰 도전을 원할 때 이직을 고려하게 된다. 이러한 불만족은 직장에서의 스트레스와 업무 효율의 저하로 이어질 수 있다.

둘째, 더 나은 기회를 찾아 끊임없이 도전하고자 하는 욕구도 메뚜기족이 되는 이유 중 하나다. 젊은 날의 경력 초기에는 다양한 경험을 쌓고 여러 분야에서 자신의 역량을 시험해보고자 하는 사람들이 많다. 이건 한편으로 도전정신의 발로라 할 수도 있다. 이러한 도전정신은 새로운 기술을 배우고 다양한 산업에서 경험을 통해 자기 경력을 더욱 풍부하게 만들 수 있다.

셋째, 경제적 요인으로도 메뚜기족 현상을 설명할 수 있다. 높은 연봉과 더 좋은 복지 혜택을 제공하는 직장으로 이직하는 것은 많은 사람에게 매력적인 선택이다. 특히 경기 불황이나 경제적 불확실성이 큰 시기에는 보다 안정적이고 수익성이 높은 직장을 찾는 경향이 강해지면서 메뚜기족이 극성을 부리게 된다.

| 빈번한 이직은 여러 문제를 일으켜 좋지 않다

자주 이직하는 것은 여러 가지 문제를 일으킬 수 있다. 첫째, 고용주 처지에서 메뚜기족은 신뢰할 수 없는 직원으로 보일 수밖에 없다. 짧은 기간에 여러 직장을 옮겨 다니는 사람에 대해 안정성과 지속가능성에 대해 의문을 품게 되는 것은 당연하다. 이는 장기적인 커리어에 부정적인 영향을 미칠 수 있다.

고용주들은 일반적으로 오랫동안 한 직장에서 일한 경험이 있는 사람을 선호하는 경향이 있다. 그런 이들이 충성도와 신뢰성을 갖추고 있으며 회사에 대해 장기적인 이바지를 할 가능성이 높다고 믿기 때문이다.

또한 빈번한 이직은 자기 경력을 일관되게 쌓는 데 방해가 된다. 한 직장에서 충분한 경험과 기술을 쌓기도 전에 떠나버리면 그곳에서 배울 수 있었던 중요한 것들을 놓칠 수 있다. 이는 결국 자신의 전문성과 숙련도를 높이는 데 장애가 될 것이다. 이뿐만 아니라 새로운 직장에 적응하는 데 시간이 필요하며 적응 기간 동안 업무 효율이 떨어질 수 있다.

아울러 빈번한 이직은 네트워크 형성에도 부정적인 영향을 미치게 된다. 직장 내에서의 네트워크는 경력 발전에 중요한 요소 중 하나이다. 자주 직장을 옮기면 깊이 있는 인간관계를 형성하기 어렵다. 이는 결국 직장 내에서의 지원과 협력을 얻는 데 어려움을 겪게 되는 요인이 된다.

| 다양한 전략을 통해 불필요한 이직을 줄일 수 있다

그럼 어떻게 해서 메뚜기족이 되지 않을까? 직장인이라면 깊이 있게 생각해볼 필요가 있다. 무엇보다도 우선 직업을 선택할 때 신중하게 결정해야 한다. 단순히 연봉이나 복지 혜택만을 고려하기보다는 자신의 장기적인 경력 목표와의 일치 여부를 검토하는 것이 중요하다. 예를 들어 옮기려고 하는 직장이 자신의 전문성을 높이는 데 얼마나 이바지할 수 있는지, 그리고 자기 경력 목표를 달성하는 데 얼마나 도움이 될 수 있는지를 고려해야 한다.

또한 직장에서 발생하는 문제를 회피하려 하지 말고 적극적으로 해결하려는 노력이 필요하다. 업무 환경이나 상사와의 갈등 등으로 인해 불만족이 생길 때 바로 이직을 고려하기보다는 먼저 문제를 해결하려고 시도하는 것이 좋다. 예를 들어 상사와의 대화를 통해 갈등을 해결하거나 HR 부서에 도움을 요청하는 등의 방법을 사용할 수 있다. 아울러 업무 환경을 개선하기 위해 노력하거나 자기계발을 통해 현재의 직무에서 더 나은 성과를 내도록 하는 것도 좋은 방법이다.

다음으로는 지속적인 자기계발과 교육을 통해 현재 직장에서의 가치를 높이는 것도 하나의 방법이다. 새로운 기술을 배우고 자신의 역량을 강화하면 현재 직장에서 더 나은 기회를 얻을 가능성이 커진다. 예를 들어 새로운 프로젝트에 참여하거나 회사에서 제공하는 교육 프로그램을 적극적으로 활용하는 것이 좋은 방법이다.

또는 자격증을 취득하거나 전문성을 높이기 위한 추가적인 교육을 받는 것도 도움이 될 수 있다.

메뚜기족이 되지 않기 위하여 선택할 또 하나의 대책으로는 자신의 경력 계획을 장기적으로 세우는 것도 필요하다. 단기적인 이득에만 집중하지 말고 5년 후나 10년 후의 자신을 상상하며 경력 경로를 설정하는 것이 바람직하다. 이렇게 하면 일관된 커리어를 쌓아나가는 데 도움이 될 것이다. 예를 들어 특정 산업에서의 경력을 쌓아나가고 그 분야에서 전문가로 인정받는 데 필요한 경험과 기술을 쌓아나가는 것이 필요하다.

마지막으로 긍정적인 마인드셋을 유지하는 것도 중요하겠다. 직장에서의 어려움이나 불만족이 있을 때 이를 긍정적으로 받아들이고 해결하려는 노력이 필요하다. 이는 결국 자기 경력 발전에 도움이 될 것이다. 어려운 상황을 극복하고 나면 그 경험을 통해 더욱 성장하고 발전할 수 있는 것이다.

결론적으로 평생 몇 번이나 퇴사하게 될지는 개인마다 다르지만 빈번한 퇴사는 여러 문제점을 동반할 수 있다. 직업 안정성, 경력 개발, 네트워크 형성, 기회 활용, 이미지 및 신뢰 문제 등 다양한 측면에서 부정적인 영향을 미칠 수 있다. 따라서 입사할 때부터 신중한 선택을 해야 함은 물론이고 퇴사를 결정하기 전에 충분히 고민하고, 장기적인 경력 계획을 수립하며, 내부에서 문제를 해결하려는 노력을 기울여야 한다. 이러한 전략을 통해 자기 경력을 성공적으로 발전시킬 수 있을 것이다.

6

'회사 인간'이 아닌 경쟁력을 갖춘
프리워커가 돼라

　직장인들의 최대 소망은 무엇일까? 그것은 바로 '자유'다. 자유로운 직장생활, 통제와 규율로부터의 자유, 직업적 자유, 얽매인 시간으로부터의 자유, 그리고 가장 절실한 돈으로부터의 자유 말이다. 그래서인지 취업포털 '잡코리아'가 직장인과 구직자를 대상으로 조사한 것을 보면 프리랜서가 가장 매력을 느끼는 직업 중 1위로 나타났다. 그 정도로 우리네 직장인들은 '회사 인간'으로 살아가는 데지쳐 있는 것이다. 그뿐만이 아니다. 직장생활을 마친 사람들, 퇴직하여 새로운 일자리를 소망하는 사람들 역시 최고의 로망은 프리랜서다.

　프리랜서와 거의 같은 의미로 사용되는 말에 프리에이전트가 있다. 스스로 정한 조건에 맞춰 자기만의 무대를 창조하기를 바라는 많은 사람의 꿈을 대변하며 프리에이전트의 바람을 일으킨 사람은 잘 알려진 대로 미국의 백악관에서 앨 고어 부통령의 연설원고 작성자였던 대니얼 핑크Daniel H. Pink다.

2001년 세계적인 명저 『프리에이전트의 시대』를 통해 우리에게 프리에이전트, 즉 지식 기반 자영업자와 독립적 1인 기업가의 시대를 선언했다. 그는 프리에이전트를 가리켜 "그들은 거대 조직체의 굴레에서 자유롭다. 그리고 자신의 미래를 스스로 책임지는 에이전트들이다. 그리고 속박되지 않는 독립노동자, 기술과 지식을 겸비하고 스스로를 의지하는 자, 자기만의 길을 스스로 계획하는 초소형 사업가들이다."라고 정의하였다.

그런데 그 1년 전인 2000년에 영국의 산업학술원에서는 '프리워커free worker'라는 용어를 등장시켰다. 프리워커란 말 그대로 자유노동자다. 직업이나 프로젝트를 바꾸어가며 기술과 아이디어를 전달하며, 기업이 높이 사는 기술이나 지식을 갖고 있으나 한 직업을 평생 해야 한다는 생각에 동의하지 않고 한 기업에 오래 충성할 의사가 없으며 단기적으로 개인 계약 형태로 일을 한다. 주로 네트워크에 의존해 새로운 일감을 찾는데 프리랜서나 프리에이전트도 프리워커다.

| 프리워커는 자기만의 능력을 구축해 자유를 쟁취한다

나는 이 중에서 특히 프리워커라는 말을 좋아한다. 프리랜서나 프리에이전트는 자유계약선수나 1인 기업가의 이미지가 너무 강하다(원래 그런 의미니까). 직장을 완전히 떠난 사람으로서 자유롭게 일하는 독립노동자를 말한다.

내가 당신에게 프리워커가 되라고 권하는 것은 지금 당장 직장을 떠나라는 게 아니다. 모두 1인 기업가가 돼야 한다거나 자유계약의 독립노동가가 되라는 것이 아니다. 내가 주장하는 프리워커에는 두 가지 의미가 있다.

첫째는 퇴직한 다음에 또다시 일자리를 찾을 경우 프리랜서 같은 프리워커가 돼보라는 의미가 그것이다. 그리고 두 번째가 이 글의 핵심인데 바로 자유로운 직장인이 되라는 것이다. 자유로운 직장인? 그게 뭐냐고? 그것은 다름 아니라 규정과 제도에 얽히고설켜서 자유롭지 못한 직장인이 아니라 언제 직장을 떠나더라도 충격을 흡수할 수 있는 자기만의 능력을 구축하라는 말이다. 진정으로 자유롭게 일하는 사람인 '프리한 워커'가 되라는 말이다. 그런 뜻에서 내가 선택한 프리워커는 영국 산업학술원의 프리워커와도 차별화된다.

직장생활을 영위하면서 어떤 상황에서든 지속해서 일을 할 수 있는 경쟁력을 갖춘 사람. 그런 프리워커가 돼야 소신껏 일할 수 있을 것이다. 부당한 지시나 부정부패로부터도 자유로워질 수 있을 뿐만 아니라 직장이 갖는 현실적 불안으로부터 자유(프리)로운 당당한 직업인이 될 수 있을 것이다. 이것이야말로 진정한 프리워커라 생각한다. 그런 프리워커가 돼야 소신껏 일할 수 있다. 직장을 떠난 후 자유노동자로 독립하느냐 아니냐는 그다음의 문제다. 그렇다면 어떻게 직장생활을 해야 할지 어렴풋이 해답이 보인다. 프리워커가 되기 위해 가야 할 길이 보일 것이다.

| 자유는 그냥 오지 않기에 미래를 준비해야 한다

지금은 상시 구조조정의 시대다. 인공지능 로봇이 활개를 치는 4차 산업혁명의 시대다. 언제 어떤 상황과 맞닥뜨릴지 모를 상시 위기의 시대다. 그런 세상을 살면서 오직 한 직장, 한 직업에 목을 맨다고? 나는 열심히 일하니까 괜찮을 거라고? 우리 직장은 안정된 곳이라 염려 없다고? 그런 생각이라면 당신의 미래는 앞에서 소개했던 데이비드 폰더 씨의 상황만큼이나 불안하다.

실제로 우리의 주위에서 전혀 예상치 못했던 일로 직장을 떠나는 사람을 얼마나 많이 보게 되던가? 설령 정년을 채운다고 하더라도 100세 시대에 나머지 인생을 어찌할 것인가? 그런데도 미래를 준비하지 않고 현재에만 목을 맨다고? 지금 열심히 일하면 미래가 보장될 거라고? 낙관한다고? 그렇다면 당신은 세상을 너무 모르거나 무모한 사람이다.

아무쪼록 프리워커가 되기를 권한다. 그럼 프리워커는 어떻게 되는가? 프리워커는 그냥 되는 게 아니다. 자유는 쉽게 얻을 수 있는 게 아니다. 그만한 노력과 희생이 따른다. 결단이 필요하다. 우선 자신에게 스스로 물어보라. "내일 당장 어떤 불운으로 직장을 그만두더라도 삶을 유지할 능력(일거리)이 있는가?"라고. 그것이 없다면 프리워커는 아니다. 프리워커란 꼭 1인 기업가를 말하는 게 아니다. 쉽게 말하면 아무 때고 사표를 낼 수 있는 능력을 갖춘 사람이어야 진정한 프리워커다.

[팁] 프리워커로 사는 것에도 노하우가 필요하다

1. 당장 회사를 떠나게 된다면 무엇으로 생존할 것인가? 이 질문에 대한 답을 찾는 것이 프리워커로서의 출발이다.

2. 무엇을 위한 자유인가? 그것을 알아야 어떤 프리워커가 돼야 할지 방향이 잡힌다.

3. 프리워커에 대한 환상을 경계하라. 그 세계는 무한경쟁과 자유경쟁의 세계다.

4. 진정한 꿈은 무엇인가? 가장 절실히 하고 싶은 일을 프리워커로 실현할 수 있는지 점검해보자.

5. 일찍 준비할수록 좋다. "입사 첫날부터 은퇴달력 넘어간다."라는 말을 잊지 마라.

6. '이중생활'의 지혜를 발휘하라. 직장에 충실함과 동시에 훗날을 준비하는 것이 현실적이다.

7. 생각만 하다가 인생 끝난다. 치밀한 계산이 끝나면 과감히 도전하라. 한번은 승부를 걸라.

8. 흉내 내지 마라. 벤치마킹은 하되 그것을 뛰어넘어 당신 특유의 세상을 구축해야 성공한다.

9. '무엇'보다 중요한 것은 '어떻게'이다. 어느 분야이든 최고가 되면 된다.

10. 현재에 충실하라. 현재 직장의 경험과 평판이 프리워커로서의 콘텐츠와 경쟁력이 된다.

7
파이어족이 되기 전에 깊은 고민과
노력을 먼저 해라

요즘 '파이어족'이라는 말을 심심찮게 듣는다. 아니, 젊은이들은 파이어족을 선망한다. '파이어FIRE족'은 '경제적 자립Financial Independence과 조기 은퇴Retire Early'의 약자로 경제적 자립을 이루고 조기 퇴직을 목표로 하는 사람들을 지칭한다. 이 개념은 특히 밀레니얼 세대 사이에서 많은 인기를 끌고 있으며 경제적 자유를 통해 더 빨리 원하는 삶을 살고자 하는 열망에서 비롯됐다.

파이어족은 단순히 일찍 퇴직하는 것 이상의 의미가 있다. 이들은 경제적 독립을 통해 더 이상 생계를 위해 일할 필요가 없는 상태를 지향한다. 이는 대부분 사람이 60세 이상이 돼야 가능할 것이라 여기는 퇴직을 훨씬 더 앞당기는 것을 목표로 한다. 경제적 독립이란 더 이상 외부의 소득 없이도 자신의 자산만으로 생활할 수 있는 상태를 말한다. 이를 위해 파이어족은 재정계획을 세우고 자산을 축적해 얻는 수익으로 생활비를 충당할 수 있게 된다.

파이어족의 핵심 목표는 '시간의 자유'이다. 이들은 경제적 독립을 통해 자신의 시간을 자유롭게 사용하고 자신이 진정으로 원하는 일을 할 수 있는 상태를 추구한다. 이는 개인적인 취미나 관심사, 여행, 가족과의 시간, 자원봉사 등 다양한 활동을 포함할 수 있다. 파이어족은 단순히 경제적 자유를 넘어서 삶의 질을 높이고 자기계발과 개인적인 성장을 이루는 데 중점을 둔다.

당신도 파이어족이 되고 싶은가? 이는 거의 모든 직장인의 로망이기도 하다. 일찍 직장을 떠나 경제적인 걱정 없이 시간을 즐긴다? 얼마나 멋진 일인가. 그러나 파이어족이 되기 위해서는 몇 가지 중요한 단계와 전략이 필수다. 그냥 되는 게 아니다.

| 파이어족을 하기 위해서는 단계와 전략이 필요하다

파이어족, 즉 경제적 자립을 이루기 위해서는 어떻게 해야 할까? 어떻게 하면 하루라도 빨리 파이어족이 될 수 있을까? 해답은 분명하다. 무엇보다도 철저한 예산 관리와 절약이다. 그러기 위해서는 자신의 현재 재정 상태를 정확히 파악하고 어디에서 지출을 줄일 수 있는지 분석해야 한다. 생활비를 절약하기 위한 다양한 방법들을 실천함으로써 더 많은 돈을 저축할 수 있다. 예를 들어 외식을 줄이고 집에서 직접 요리하는 것, 불필요한 구독 서비스를 해지하는 것, 에너지 절약을 위한 습관을 들이는 것 등이 있다. 이를테면 '짠돌이'가 되라는 것인데 그 길이 일차적인 왕도다. 일반적으로 파이어족을 목표로 하는 사람들은 소득의 50% 이상을 저축하는 것을 목표로 한다. 이를 위해서는 소비 습관을 근본적으로 변화시키고 필요한 지출과 불필요한 지출을 명확히 구분하여 일단 '종잣돈'을 만들어야 한다.

그다음은 효과적인 투자 전략을 실행한다. 단순히 돈을 저축하는 것만으로는 파이어족의 목표를 달성하기 어렵다. 보통의 직장인으로 저축만으로 경제적 자립을 조기에 달성하기는 힘들다. 월급을 한 푼도 쓰지 않고 20년 이상을 모아야 아파트 한 채를 살 수 있는 우리네 상황에서는 더욱 그렇다. 따라서 저축한 돈, 즉 종잣돈을 효과적으로 투자하여 자산을 불리는 것이 필수적이다. 이를 위해서는 다양한 투자 자산에 대한 이해와 분석과 공부가 필요하며 주식, 채권, 부동산, 상장지수펀드ETF 등 다양한 자산에 분산 투자하는 것이 일반적이다.

투자에서 가장 중요한 것은 장기적인 관점에서 접근하는 것이다. 단기적인 시장 변동에 일희일비하지 않고 꾸준히 투자하는 것이 중요하다. 투자에 대한 지속적인 학습과 분석을 통해 자신의 투자 전략을 지속해서 개선해나가야 한다.

또한 수입 다각화와 증대를 도모해야 한다. 파이어족이 되기 위해서는 단순히 한 가지 수입원에 의존하기보다는 여러 수입원을 확보할 필요가 있다. 그래야 경제적 안정성을 높이고 파이어족 목표를 더 빨리 달성할 수 있다. 예를 들어 부업을 시작하거나 프리랜서로 일하거나 자신만의 비즈니스를 창업하는 등의 방법으로 추가적인 수입을 창출할 수 있다.

부업이나 프리랜서 활동은 본업에 비해 유연성이 크고 자기 능력을 활용할 좋은 기회가 될 수 있다. 이러한 활동을 통해 얻은 이익은 전부 저축하거나 투자에 활용할 수 있어 파이어족 목표를 이루는 데 큰 도움이 된다.

| 파이어족의 문제점은 무엇이고 어떻게 해결할 수 있는가

그러나 파이어족이 마냥 바람직하거나 쉽게 달성될 수 있는 것은 아니다. 파이어족이 되기 위한 과정에서 몇 가지 문제점과 유의할 점이 있다. 이러한 문제점들을 인식하고 극복하기 위한 전략을 수립하는 것이 필요하다.

첫째, 지나친 절약이 삶의 질 저하로 이어질 수 있다는 점이다. "생일날 잘 먹으려고 이레를 굶는다."라는 속담처럼 나중의 파이어를 위해 오늘을 마냥 희생할 수는 없는 노릇이다. 파이어족을 목표로 하는 과정에서 극단적인 절약은 스트레스를 유발할 수 있으며 이는 장기적으로 삶의 만족도를 낮출 수 있다. 따라서 절약과 지출 사이의 균형을 맞추는 것이 과제다.

둘째, 투자 리스크에 대한 철저한 관리다. 투자는 항상 위험을 동반하며 특히 주식 시장과 같은 변동성이 큰 투자 자산에 큰 비중을 두는 경우 더 그렇다. 따라서 분산 투자와 위험 관리 전략을 철저히 수립해 갑작스러운 손실을 방지해야 한다. 자칫하면 파이어를 추구한다는 것이 쫄딱 망하는 지름길이 될 수 있기 때문이다. 또한 자신의 투자 성향과 리스크 수용 능력을 명확히 이해하고 이에 맞는 투자 전략을 수립해야 한다.

셋째, 조기퇴직 이후의 삶에 대한 명확한 계획이 있어야 한다. 파이어족이 되어 조기퇴직을 하더라도 그 이후의 삶을 어떻게 보낼지에 대한 명확한 계획이 없다면 무료함이나 정체감을 느낄 수 있다. 조기퇴직 후에도 계속해서 자기계발을 하거나, 새로운 취미를 찾거나, 봉사 활동 등을 통해 의미 있는 삶을 이어가야 한다. 또한 사회적 관계를 유지하고 발전시키는 것도 중요한 삶의 요소이다.

넷째, 주변 사람들과의 관계를 잘 유지하는 것이다. 파이어족을 목표로 하는 과정에서 주변 사람들과의 관계를 유지하는 것도 중요하다. 지나친 절약과 투자에 집중하다 보면 가족이나 친구와의 관계가 소홀해질 수 있다. 경제적 목표를 이루는 것만큼이나 인간관계를 유지하고 발전시키는 것도 중요한 삶의 요소이므로 이 점을 항상 염두에 두어야 한다.

이렇듯이 파이어족이 되기 위해서는 철저한 계획과 실행, 투자와 절약의 균형, 그리고 조기퇴직 이후의 삶에 대한 명확한 비전이 필요하다. 이러한 과정을 통해 경제적 자유를 이루고 더 풍요롭고 의미 있는 삶을 살아갈 수 있다. 파이어족은 단순히 일찍 퇴직하는 것을 넘어서 자신의 시간을 자유롭게 사용하고 자신의 가치를 실현하는 삶을 추구한다. 이를 위해서는 지속적인 노력과 자기관리가 필요하며 주변 사람들과의 관계를 소중히 여기며 균형 잡힌 삶을 살아가는 것이 중요하다.

경제적 독립과 조기퇴직이라는 목표는 많은 사람에게 매력적인 목표요, 꿈일 수 있다. 하지만 그러기 위해서는 남다른 공부와 노력이 있어야 한다. 파이어족의 목표는 단순히 조기퇴직에 있는 것이 아니다. 경제적 자유를 넘어서 더 나은 삶을 살아가는 것이다. 그렇다면 어떻게 하여 조기퇴직이 가능하고 풍요롭고 의미 있는 삶을 만들 것인지 깊은 고민이 있어야 할 것이다.

6장
—
퇴직 후에도 자기계발을
멈추지 마라

1
퇴직전략 은퇴전략 1순위는
'자발적 위기감'이다

 글로벌 일류기업으로 소문난 A그룹에서 있었던 일이다. 일류기업답게 여러모로 신경 써서 아웃플레이스먼트의 일환으로 퇴직에 대비한 교육을 시행했다. 잘 아는 바와 같이 아웃플레이스먼트는 기업이 부득이한 사정으로 구조조정을 하거나 희망퇴직을 하는 등 자발적이거나 비자발적으로 퇴직하게 되는 사원들에게 실직의 충격을 줄여주고 전직 또는 창업 등의 일자리를 찾을 수 있도록 배려해주는 것이다.

 회사에서는 아웃플레이스먼트를 단계적으로 전 사원을 대상으로 확대하기로 하고 우선 50대에 가까운 간부들부터 교육하기로 했다. 회사에서는 나름대로 신경을 써서 교육 장소를 서해안의 고급 리조트로 삼았고 분위기를 좋게 하려고 부부 동반에 2박 3일의 일정으로 진행했다.

그런데 이게 웬일인가? 예상을 깨고 교육 분위기가 매우 썰렁했다. 그동안의 노고를 위로하려는 목적도 있었기에 두 번째 날 저녁에는 밴드까지 동원해 간담회라는 이름으로 노래하고 춤추는 프로그램도 있었지만 흥이 오르지 않기는 마찬가지였다. 원래 이런 자리는 남성들보다 여성들이 흥을 돋우게 마련이다. 그런데 오히려 부인들의 분위기가 더 좋지 않았다.

왜 그랬을까? 이유는 간단하다. 직장에 대한 자부심과 희망이 생기는 것이 아니라 '이제 드디어 직장을 그만두게 되는가 보다.'라고 생각했기 때문이다. 아웃플레이스먼트라고 그럴듯하게 포장은 했지만 결국은 퇴직 교육이자 구조조정이라는 이름으로 퇴출을 감행할 모양이라고 지레짐작한 것이다. 머지않아 퇴직하게 될 것을 생각하니 분위기가 좋을 리가 없었다. 그런 남편을 바라보는 부인들의 심사는 참담했을지 모른다. 갑자기 남편이 더 늙어 보이고 무능하게 보이며 앞으로 어떻게 살 것인지 걱정이 앞서는데 춤과 노래가 나올 리 만무하다. 아내의 반응이 그러하니 남편들은 자연히 주눅이 들었다. 이것이 바로 현실과 이상의 차이이다.

| 느긋하게 생각하지 말고 위기의식을 가져야 한다

매년 연말이 다가오면 직장인들의 고민이 깊어진다. 특히 나이가 든 간부일수록 더욱 그렇다. 연중행사처럼 명예퇴직 또는 희망퇴직이라는 이름으로 직장을 떠나야 하는 사람이 있기 때문이다 (특히 요즘은 상시 구조조정의 시대라서 아무 때고 상황이 악화하여 직장을 떠나게 될 수 있다). "2막 인생" 운운하며 스스로를 달래보지만 생각할수록 혼란스러울 것이다. 스펙 좋은 창창한 젊은이들도 일자리를 구하기 힘든데 나이 든 사람이 퇴직 이후에 제대로 된 일자리를 구한다는 것은 쉬운 일이 아니다.

그러나 냉정히 생각해보면 인생이 원래 그렇다. 어느 지점을 통과하고 나면 서서히 내리막길을 간다. 은퇴의 길을 걷고 2막 인생을 맞게 된다. 그 현실을 담담히 받아들여야 한다. 그러나 그것은 이성적 판단일 뿐 막상 "퇴직" 운운하며 그것이 현실이 되면 크게 당황한다. 준비가 되어 있지 않기 때문이다. 정확히 표현하면 준비가 '덜' 됐기 때문이다. 언젠가 퇴직하는 것은 100% 분명한 일인데 왜 준비가 덜 될까? 지금 현재의 일이 아니라 '내일' 준비해도 될 것이라며 긴장을 늦추다가 어느 날 덜컥 현실과 마주하게 되는 것이다.

퇴직전략과 은퇴전략의 1순위는 '자발적 위기감'을 갖는 것이다. 제발 느긋하게 생각하지 말고 스스로 위기의식을 가지라는 것이다. 상시위기와 복합위기의 시대에는 언제 갑자기 퇴직에 직면할지 모른다. 사정이 이런데 천천히 준비한다고? 안 된다. 자발적 위기감으로 자신을 통제해야 한다. 그때 가서 준비한다고? 그땐 이미 늦다. 조바심이 날 것이고 그러면 될 일도 안 된다.

아무도 당신에게 위기감을 주지는 못한다. 퇴직에 대비하여 위기감을 가지라고 권고하지만 그것은 '건성'일 수밖에 없다. 위기를 경고하는 책과 강연이 많지만 애절함이 담긴 것은 아니다. 그건 바로 당신의 문제지 경고자의 문제는 아니니까. 따라서 스스로 위기감을 높여야 한다. 그렇다고 벌벌 떨거나 불안해하라는 것은 아니다. 아니, 앞날에 대하여 느긋하기보다는 차라리 벌벌 떨고 불안해하기를 바란다. 불안감은 자기계발의 동력이자 미래를 준비하는 강력한 자극이니까 말이다.

제발이지 자발적 위기의식을 작동시키기를 바란다. 미래에 대한 욕망, 그것을 이루려는 깊은 고뇌, 그리고 현실에 대한 자발적 위기감과 불안이 없다면 당신은 퇴직경쟁력이 없는 것이다.

| 퇴직 위기에 방어하지 말고 공격적으로 응전하자

여기서 한 가지 덧붙일 것이 있다. 단순히 위기감을 스스로 느낀다고 해서 문제가 해결되지는 않는다는 것이다. 위기를 느끼는 것 못지않게 그것을 극복하려는 노력과 위기에 대응하는 실천적 자세가 필요하다. 원래 '공격은 최선의 방어'라고 한다. 위기는 피할수록 험하게 달려든다. 따라서 위기에는 공격적으로 대응하는 전략을 채택할 필요가 있다. 그것을 '창의적 공격성'이라고 하면 어떨까? 위기를 공격으로 돌파하되 창의성을 발휘해야 한다는 말이다. 막무가내로 되는 게 아니다. 지혜가 있어야 하고 독특한 아이디어가 있어야 한다.

아무리 퇴직 이후가 걱정되더라도 정신을 차려야 한다. 기죽은 자세로 전전긍긍하는 것도 정도正道가 아니다. 호랑이에게 물려가도 정신을 차리라 했고 위기가 기회라는 말도 있지 않은가. 오히려 상황이 이러하기에 당신만의 참모습을 보여야 한다. "여건이 이러니 어쩔 수 없다."라는 변명이나 패배의식은 금물이다. 전열을 가다듬고 정신을 바짝 차려 도전해야 한다. 역사학자 아놀드 토인비의 말을 빌리지 않더라도 역사는 도전과 응전으로 이뤄지며 성장은 도전에 어떻게 응전하느냐에 따라 달라진다.

퇴직이라는 위기의 도전에 제대로 응전하려면 방어적이기보다는 공격적이어야 한다. 노벨물리학상 수상자이며 2000년대 초에 한국과학기술원KAIST의 총장을 지낸 로버트 러플린Robert Betts Laughlin 박사가 인터뷰에서 한 말이 새삼 떠오른다. 그는 한국인들이 경쟁을 피하는 풍토에 젖어 있으며 '타고난 공격성killer instinct'이 부족하다고 꼬집었다. 한마디로 결정적인 순간에 강하게 밀어붙이는 집요한 공격성, 킬러의 본능이 없다는 것이다. 이제 안락지대에 머물지 말고 킬러의 강한 공격성으로 무장하여 치열한 전장으로 스스로 나서야 한다. 끈덕지게 물고 늘어지는 독한 근성을 발휘해야 한다. 최선을 넘어 죽기 살기로 덤벼야 한다. 전력투구해야 한다.

'하버드대학교 인생학 명강의'라는 부제가 붙은 최근의 베스트셀러 『어떻게 인생을 살 것인가』에서 저자 쑤린이 말했다. "최선을 다하기보다 전력투구하라."라고 말이다. 최선이든 전력투구든 그 말이 그 말 아니냐고 할 수 있는데 쑤린이 사냥개와 토끼를 예로 들어 설명한 것을 듣고 나면 마음에 와닿는 게 있다. '최선'이 수동적이라면 '전력투구'는 능동적이고 적극적이다. 한마디로 공격적이다.

어느 날 사냥꾼이 토끼의 뒷다리를 총으로 쏘아 맞혔다. 그러자 상처를 입은 토끼를 사냥개가 쫓아간다. 토끼는 다리를 절면서도 뛰어 달아나 결국 사냥개를 따돌리는 데 성공한다. 토끼를 놓친 사냥개에게 사냥꾼이 크게 나무라자 사냥개가 대꾸한다.

"저는 최선을 다했다고요!"

반면 쩔뚝거리며 집으로 돌아온 토끼를 친구들이 에워싸며 놀랍다는 듯이 묻는다.

"상처를 입고서 어떻게 사냥개를 따돌린 거야?"

그러자 토끼가 대답한다.

"사냥개는 최선을 다했지만 나는 전력투구했거든. 사냥개는 나를 못 잡으면 꾸지람을 들으면 그뿐이지만 나는 목숨을 잃잖아."

이제 최선과 전력투구의 차이가 실감이 나게 다가올 것이다. 최선을 다했다는 것으로는 부족하다. 그것은 패자의 변명에 지나지 않는다. 죽기 살기로 대응해야 한다. 그러면 길이 보인다. 퇴직의 문제에 어떻게 대응할 것인지 말이다.

2
재직 중 삶을 발전시키는
이직경쟁력을 키워라

　직장인 교육을 전문으로 하는 곳에서 연락이 왔다. 조기퇴직의
두려움에 대비해 제2경력을 어떻게 준비해야 할지 강의해줄 수 있
냐고. 오늘날 직장인들의 고민이 무엇인지 마음에 와닿았다. 바로
그래서 그토록 자기계발을 부르짖는 것 아닌가?

　직장인들에게 새해 설계를 물어보면 가장 많이 나오는 답이 자
기계발이다. 그러나 자기계발이라는 것이 말은 그럴듯하고 멋져
보여도 실체가 분명하지 않다. 그래서 "무엇을 계발할 것인가?"라
고 물어보면 '건강' '어학' '자격증 취득' 등 뻔한 답이 나오고 심지
어 '금주와 금연'을 말하기도 한다. 하기는 해야겠는데 손에 꽉 잡
히는 게 없다는 의미다.

　또한 "자기계발을 왜 하는가?"라는 설문에는 "업무역량 강화를

위하여” “승진에 도움이 되고자” “지적 욕구 증대” 등등 그럴듯한 이야기가 나온다. 그러나 그런 대답은 '교과서적'인 것이요 회사의 눈치를 본 답변이다. 솔직하게 말한다면 자기계발의 궁극적인 목적은 '이직(또는 전직)경쟁력 강화'에 있고 더 나아가 퇴직 이후의 삶을 위해서다. 이러한 점을 분명히 해야 자기계발의 목표가 선명히 드러난다.

강조하지만 자기계발의 궁극적인 목표는 '이직경쟁력'을 갖추는 데 있다. 물론 그 직장에서 일을 잘할 수 있도록 하는 '재직경쟁력'을 향상하기 위해 자기계발을 독려하지만 그것은 회사의 입장일 뿐이다. 직장인 개인으로서는 언제든지 직장을 떠날 수 있는 능력, 즉 이직경쟁력을 키우기 위해 자기계발을 하는 것이다. 따라서 어느 회사의 유명한 광고문구처럼 “열심히 일한 당신, 떠나라.”라며 등을 밀어낼 때 당황하지 않고 “잘 있거라, 나는 간다.”라며 충격 없이 떠날 준비를 평소에 해야 한다. 제2경력을 관리해야 한다는 말이다.

직장인이라면 누구나 이직경쟁력을 갖추고 있어야 한다. 즉 언제라도 이직할 수 있어야 한다는 말이다. 그렇다면 이직경쟁력은 무엇일까? 이는 단순히 다른 직장으로 옮길 수 있는 능력만을 의미하는 것이 아니다. 새로운 직장에서 성공적으로 자리 잡고 더 나아가 자신의 가치를 인정받을 수 있는 능력까지 포함한다. 그렇기에 이직경쟁력을 갖추는 것은 개인의 커리어 발전에서 매우 중요한 요소가 된다. 그렇다면 이직경쟁력이란 구체적으로 무엇을 말하는가?

| 세 가지 조건을 통해 이직경쟁력을 강화하라

먼저 이직경쟁력을 구성하는 중요한 요소 중 하나는 전문력이
다. 전문력은 특정 분야에 대한 깊이 있는 지식과 경험을 의미한
다. 예를 들어 정보통신기술ICT 분야에서 일하는 사람이라면 특정
프로그래밍 언어나 시스템에 대한 숙련도가 높은 것이 전문력이
다. 단순히 이론적인 지식에 머무르지 않고 실제 현장에서 다양한
문제를 해결해본 경험이 전문력을 더욱 탄탄하게 만든다. 특정 프
로그램을 사용하는 데 능숙한 것뿐만 아니라 그 프로그램의 문제
를 분석하고 해결하는 능력, 더 나아가 이를 개선하는 방안을 제시
할 능력까지 있다면 전문력은 충분히 경쟁력이 있는 것이다.

이러한 전문력은 직무 수행 능력의 기본이다. 또한 창의적이고
혁신적인 접근 방식을 통해 조직 내에서 중요한 역할을 담당하게
만든다. 이런 전문력을 키우기 위해서는 지속적인 자기계발이 필
수적이다. 새로운 기술이나 지식을 습득하고, 관련 자격증을 취득
하고, 다양한 프로젝트에 참여하는 것이 전문력을 향상하는 데 도
움이 된다.

또한 전문력을 쌓기 위해서는 지속적인 학습이 필요하다. 빠르
게 변화하는 기술 환경에서 최신 정보를 습득하고 실제 업무에 적

용할 수 있는 능력이 중요하다. 따라서 평소에 다양한 교육 프로그램이나 온라인 강의 등을 통해 자신의 전문성을 지속해서 발전시켜야 한다.

둘째는 이직경쟁력의 중요한 요소는 네트워크이다. 네트워크는 직장 내외에서 형성된 인간관계를 말한다. 단순히 많은 사람을 알고 있는 것 이상의 의미가 있다. 신뢰를 바탕으로 한 관계는 새로운 기회를 제공해줄 수 있다. 동료, 상사, 혹은 업계 전문가들과 좋은 관계를 맺는 것은 당연히 이직에 도움이 된다. 적절한 추천서나 중요한 정보를 얻는 데 큰 도움이 됨은 물론이다.

실제로 많은 이직의 기회는 공고나 게시판을 통해 얻기보다는 지인을 통한 소개나 추천을 통해 이루어진다. 한국개발연구원KDI이 발표한 「인적 네트워크의 노동시장 효과 분석」에 의하면 고용시장에서 재취업을 원하는 경력자의 63.9%가 인맥에 의해 취업하게 된다고 했다. 즉 '관계'가 매우 소중한 이직경쟁력이 됨을 실증적으로 보여주고 있다.

따라서 평소에 인간관계를 잘 유지하고 다양한 네트워킹 이벤트에 참여하는 방식 등으로 네트워크를 확장하는 것이 좋다. 직장 내에서는 물론이고 업계 행사, 세미나, 커뮤니티 활동 등을 통해 지속해서 새로운 인연을 만들고 기존의 관계를 강화하는 것이 필요하다.

그렇다고 해서 '이직'이라는 목표를 두고 사람을 사귈 수는 없는 노릇이다. 업무적인 이익을 위한 것이 아니라 서로의 성장을 도모하는 진정성 있는 좋은 관계를 발전해나가면 자연스럽게 인맥이 될 것이다. 그런 인맥은 결정적일 때에 이직경쟁력으로 작동하게 된다.

셋째는 정보력이다. 이직을 희망하는 사람에게 정보력은 매우 중요하다. 정보력이 있으면 자신에게 맞는 직무와 기업을 효율적으로 찾을 수 있다. 이직 성공의 확률을 높이고 새로운 직장에서 만족도를 높이는 데 이바지한다. 자신에게 가장 적합한 기회를 찾는 데 필요한 정보는 개인의 경력과 목표에 부합하는 직무를 선택하는 데 중요한 역할을 하는 것이다.

이뿐만 아니라 정보력은 경쟁력을 강화해준다. 업계 동향, 필요한 스킬, 그리고 기업의 요구 사항 등을 파악하면 자신을 효과적으로 어필할 수 있는 전략을 세울 수 있다. 이력서 작성부터 면접 준비까지 모든 단계에서 큰 도움이 된다. 정보가 부족하면 경쟁자들과의 차별화가 어렵지만 풍부한 정보는 자신을 돋보이게 만든다.

또한 정보력은 네트워킹을 강화해준다. 관련 업계에서 유용한 인맥을 구축하는 데 도움을 주며 추천을 받거나 숨겨진 채용 기회를 얻는 데 큰 역할을 한다. 네트워크를 통해 얻는 정보는 공고에 공식적으로 나오지 않은 내부 정보를 포함할 수 있다. 이직 과정에서 결정적인 기회를 맞게 해줄 것이다. 이렇듯이 정보력은 성공적인 이직과 경력 발전을 위해 필수적인 요소다. 충분한 정보를 바탕으로 한 준비와 전략은 이직 과정에서의 불확실성을 줄이고 성공 확률을 높이는 데 크게 이바지한다.

| 이직경쟁력을 배양하기 위해서는 소프트 스킬도 중요하다

그 밖에 이직경쟁력에 하나 더 추가한다면 소프트 스킬을 꼽을 수 있겠다. 소프트 스킬이란 커뮤니케이션 능력, 팀워크, 문제 해결 능력 등을 말한다. 현대의 많은 직무는 협업을 통해 이루어지기 때문에 뛰어난 커뮤니케이션 능력은 필수적이다. 이는 단순히 자신의 의견을 명확하게 전달하는 것뿐만 아니라 다른 사람의 의견을 경청하고 이해하고 효과적으로 협력할 수 있는 능력을 의미한다.

또한 창의적이고 효율적으로 문제를 해결하는 능력은 어떠한 직무에서도 가치 있게 평가된다. 예를 들어 팀 내에서 발생하는 갈등을 조율하고 다양한 의견을 조합하여 최선의 해결책을 끌어내는 능력은 매우 중요하다. 조직 내에서의 원활한 소통과 협업을 가능하게 하며 팀의 성과를 극대화하는 데 이바지한다.

이러한 소프트 스킬은 단기간에 습득될 수 있는 것이 아니며 지속적인 연습과 경험을 통해 발전된다. 다양한 프로젝트에 참여하여 팀원들과 협력하고 다양한 상황에서 문제를 해결해보는 경험을 통해 소프트 스킬을 향상할 수 있다.

소프트 스킬을 향상하기 위해서는 적극적인 태도와 의지가 필요하다. 예를 들어 리더십을 발휘할 기회를 찾고 다양한 팀 활동에 참여하여 협업 능력을 키우는 것이 좋다. 또한 소프트 스킬은 단순한 기술적인 능력이 아니라 인간관계와 협력을 기반으로 한 능력이기 때문에 지속적인 자기계발과 실천이 필수적이다.

이처럼 이직경쟁력을 갖추기 위해서는 다양한 노력을 기울여야한다. 이는 단순히 직장을 옮기기 위한 준비가 아니라 자신의 커리어를 더욱 발전시키기 위한 필수조건이다. 직장인이라면 누구나이직경쟁력을 갖추고 언제라도 새로운 기회를 잡을 수 있도록 준비해야 한다. 이는 개인의 성장뿐만 아니라 직장생활의 만족도와성공을 높이는 데 중요한 역할을 하게 된다. 이직경쟁력을 갖추는과정은 단순히 몇 가지 기술을 익히는 것이 아니라 지속적인 학습과 경험을 통해 자신을 발전시키는 과정이다. 이를 통해 직장 내에서의 성과를 높이고 더 나아가 자신의 커리어를 성공적으로 이끌어갈 수 있다.

[팁] 이직경쟁력을 키워주는 것은 회사에도 좋은 일이다

회사마다 사원들에게 항상 강조하는 것이 '자기계발'이다. 그래서 여러 형태의 사원 교육 프로그램을 운영한다. 대학원 학비나 해외 유학비를 지원하기도 한다. 왜 그러는가? 회사에 붙잡아두기 위해서라면 방향을 잘못 잡았다.

이거 아시는가? 자기계발의 단기목표는 '재직경쟁력'을 키우는 것이지만 궁극적인 목표는 '이직경쟁력'을 키우는 것이다. 재직하는 동안 써먹을 능력을 키우는 것이 재직경쟁력이라면 아무 때나 이직할 수 있고 더 나은 회사로 옮길 수 있는 능력을 키우는 것, 그것이 이직경쟁력이요, 궁극적인 자기계발이다.

그렇게 투자해서 잘 키운 사원이 정말로 회사를 일찍 떠나버리면 회사는 '닭 쫓던 개' 신세가 되는 것 아니냐고? 그러니까 단견이라는 지적을 받는다. 사원들이 자기계발을 하면 어떤 형태로든 회사의 업무 발전과 연결된다. 이직경쟁력을 키우다 보면 현재의 일에 게으름을 피울 것으로 생각하기 쉬운데 거꾸로 그런 시각으로 보는 게 싫어서라도 열심히 일한다. 그렇게 이직경쟁력을 키워 미래가 안정적인 사람이어야 '지금' 충실할 수 있다.

세계적인 기업들이 '아웃플레이스먼트Outplacement, 전직지원' '라이프 플랜Life Plan, 생애설계' 등의 이름으로 사원들이 '상시 이직 준비'를 할 수 있도록 경력 관리와 자기계발을 적극적으로 지원하는 이유를 알아야 한다. 자유로운 이동이 혁신을 낳을 뿐만 아니라 퇴사자들을 학교의 '동창생alumni'처럼 관리하면 그들이 회사의 잠재적 자원이 된다.

때로는 자기계발 과정에서 맺게 된 사외의 인맥으로 회사에 이바지할 수도 있다. 그는 분명히 회사에 고마움을 느낄 것이며 자부심을 느끼게 되어 충성을 다할 것이다. 설령 다른 회사로 이직하더라도 이직한 회사에서 능력을 인정받으면 이전 회사에 대한 이미지가 좋아질 뿐 아니라 그 사원은 기회만 되면 이전 회사를 도와주는 '평생 동지' '충성고객'으로 남게 된다.

그러니 있는 사람을 잘 성장시키자. 그리고 그가 삐딱하게 회사를 떠나는 게 아니라 더욱 성장할 기회를 만들어 잘 떠날 수 있도록 도와주자. 그것이 좋은 사원들을 꽉 붙잡는 길이다.

3
회사에 다닐 때 퇴사
대비책을 준비하라

| 딴 주머니를 차라는 말을 오해하지 말아야 한다

앞에서 말했다. 회사는 당신을 배신한다고. 그러면 직장인으로서
어떻게 해야 할까? 당신도 회사를 배신하겠다고? 회사를 위해 열
심히 일할 이유가 없다고? 그건 아니다. 회사의 배신은 어쩔 수 없
는 조직의 생리요, 원리이다. 세상의 이치이다. 그렇게 받아들여야
한다. 어차피 회사가 나를 내칠 것이니까 열심히 일할 이유가 없다
고 한다면 그것은 어차피 죽을 것인데 뭐 땜에 열심히 사느냐는 논
리와 다를 게 없다.

얼마 전 기업의 간부들이 모인 자리에서 이런 내용의 강의를 한
적이 있다. 회사는 당신을 배신하게 되어 있다고. 그러자 40대 초

반의 남성이 심각한 표정으로 질문했다. "안타깝게도 참 현실적인 지적입니다. 저도 10년 이내에 그런 상황이 올 것으로 예측합니다. 그렇다면 어떻게 해야 하나요?"라고. 그렇다. '그렇다면 어떻게 해야 할지' 해답을 갖고 직장에 다녀야 한다. 그 해답이 없다면 고스란히 배신당해도 어쩔 수 없게 된다. 그에 대한 나의 대답은 이랬다. "회사의 배신에 대비하여 딴 주머니를 차야 한다."라고 말이다.

잘 알다시피 '딴 주머니를 찬다.'라는 말은 좋은 의미로 사용되지 않는다. 사전을 찾아보면 '다른 속셈을 가지거나 일을 꾀하는 것' '돈을 빼서 따로 보관하는 것'으로 설명되고 있다. 물론 내가 그런 의미로 말하지 않았음을 그를 포함하여 그 자리에 있던 모든 사람이 얼른 알아들었다. 당신도 금방 이해할 것이다. 딴 주머니를 차다니? 당신이 회사 몰래 발칙한 일을 꾸미거나 돈을 빼내라는 말이 아니다. 회사의 비리를 은밀히 조사하거나 기밀을 빼내어 결정타를 날림으로써 당신도 통쾌한 배신을 하라는 말이 아니다. 가끔 그런 사람이 있긴 하다만 그것은 영원히 몰락하는 짓이다. 그건 범죄행위이며 그 이전에 한 인간으로서도 끝장이다. 그런 사람에게는 결코 미래가 없다.

내가 "딴 주머니를 차라."라고 세속적 표현을 한 것은 "회사가 당신을 배신한다."라는 말처럼 뇌리에 콱 박히도록 일부러 적나라한 표현을 했을 뿐이다. 딴 주머니란 별도의 주머니이다. 보통의 직장인들과 다른 별도의 대비책, 즉 특별한 방안을 생각하라는 말이다.

그 말속에는 조직의 생리와 세상의 이치가 그런 줄을 안다면 철저히 대비하라는 뜻이 담겨 있다. 평소에 각오하고 직장생활을 하라는 것이며 '유비무환'을 강조한 것이다. 무엇보다도 조직의 '배신'을 그대로 받아들이고 이해하라는 것이다. 그리고 오히려 그 배신의 강도를 낮추고 시기를 늦추기 위해 더욱 열심히 일해야 한다는 권고가 바탕에 깔려 있다.

| 투잡은 바람직하지 않지만 투라이프는 필수다

'딴 주머니'는 두 가지의 의미가 있다.

첫째는 경제적 딴 주머니이다. 후진국 독재자의 어록 중에 '권력은 총구에서 나온다.'라는 말이 있고 우리나라 헌법 제1조에는 '권력은 국민으로부터 나온다.'라고 했지만, 샐러리맨의 힘은 '돈'으로부터 나온다. 돈이 있어야 힘이 있다. 즉 경제적 자립이 딴 주머니의 핵심이다. 따라서 어떤 상황에서도 경제적으로 흔들리지 않도록 젊은 시절부터 철저히 대비해야 한다. 계획적인 재財테크가 필수라는 말이다. 경제적으로 독립할 수 있다면 회사의 배신이 섭섭하고 슬플지언정 절망하지는 않는다. 때로는 "잘 있거라, 나는 간다."라며 멋지게 떠날 수도 있다.

둘째는 능력의 딴 주머니이다. 쉽게 말해서 자기계발을 하라는 이야기이다. 그런데 "자기계발이 왜 딴 주머니냐?"라는 의문이 들어야 한다. 자기계발의 궁극적인 목표가 무엇인지 아는가? 그것은 바로 '이직경쟁력'을 확보하는 것이다. 언제 회사를 떠나더라도 크게 충격받는 일 없이 다른 일을 할 수 있도록 능력의 딴 주머니를 만드는 것이다. 회사가 당신을 보호할 수밖에 없도록 '없어서는 안 될' '꼭 필요한' 직원이 되는 것도 자기계발의 목표지만, 떠나야 할 때 스스럼없이 떠날 수 있게 능력을 개발하는 것도 자기계발의 중요한 목적이 된다.

어차피 오늘날은 딴 주머니를 차야 하는 시대이다. 투잡을 하라는 말이 아니다. 직장인으로서 투잡을 한다는 것은 특별한 상황이 아닌 한 바람직하지 않다. 두 마리 토끼를 모두 놓칠 확률이 크기 때문이다. 투라이프를 해야 한다. 현재 몸담은 그 직장에 충실함과 동시에 훗날을 준비하는 또 하나의 생활을 영위하는 '이중생활'을 해야 한다. '이중생활'이라니까 남들에게 드러날까 봐 걱정하는 부정적인 이면의 생활을 떠올릴 수 있는데 그건 아니다. 이중생활은 백세시대를 살아야 하는 오늘날의 직장인으로서 필수적이다. 현재 몸담은 직장에 충실함과 동시에 훗날을 준비하는 또 하나의 생활을 영위하는 것이 바로 투라이프이자 이중생활이다. 그것은 '상시 구조조정 시대'의 자기계발의 핵심전략임과 동시에 퇴직전략과 은퇴전략의 핵심이다.

이제 평생직업은 있어도 평생직장은 없다. 성실하고 조직이 원하는 대로 열심히 일한다고 해서 정년을 보장받지는 못한다. 때로는 당신의 능력이나 성실성과는 관계없이 운수 사납게도 부하나 동료의 잘못 때문에 당신이 억울하게 직장을 떠나야 할 경우도 있다.

삼초땡(30대 초반에 땡처리), 삼팔선(38세에 명퇴), 사오정(45세 정년), 오륙도(56세에도 일하면 도둑), 육이오(62세까지 일하면 오적)등 당신이 넘어야 할 산은 많다. 그럴 때 회사가 당신을 감쌀 것이라는 믿음은 환상이다. 그 환상에서 빨리 깨어나 현실을 직시하며 일해야 한다. 그래야 훗날에 가슴을 치며 후회하지 않는다.

"회사가 당신을 배신한다."라는 말이 마음 아프게 들릴지 모르지만 그것을 빨리 이해하고 받아들일수록 직장생활에 임하는 자세가 달라진다. 그것을 인식한다면 '이중생활'과 '딴 주머니'가 새로운 시각으로 다가올 것이다. 무엇보다도 퇴사를 어떻게 받아들일 것인지, 그리고 인생을 어떻게 디자인할 것인지 다시 생각하게 될 것이다.

4
판을 흔드는 재직전략을 통해
퇴직전략을 짜라

"이대로 가면 이대로 간다."

이 말은 내가 즐겨 쓰는 것으로 강의에서도 책에서도 자주 인용한다(앞에서도 강조한 바 있다). KBS 1TV 「여성공감」에 출연해서도 이 말을 했는데 녹화가 끝난 뒤 패널 한 사람이 내게 이렇게 말했다.

"그 말, 참 무서운 거예요."

그는 말뜻을 알고 있었다. 그렇다. 무서운 말이다. 이대로 간다는 것은 전혀 변화가 없다는 것이자 결국 희망이 없다는 의미가 되니까(물론 잘나가는 사람이 그대로 가는 건 예외다). 아인슈타인은 더 심각하게 말했다. "어제와 똑같이 살면서 다른 미래를 기대하는 것은 정신병 초기증세다."라고.

돌아보자. 당신은 지금 이대로 가고 있는 게 아닐까? 어제와 같이 그리고 내일도 마찬가지로. 그렇다면 희망이 없다. 정신병 초기 증세다. 그러면서 꿈이 있다고? 이럴 때 들려주고 싶은 말이 있다. "꿈 깨!"

| 한계가 있는 위로와 격려에 너무 의존하지 말아야 한다

사람들은 전전긍긍한다. 다행히 아직은 정신병 증세가 없이 또 렷하기 때문이다. 이대로 가면 안 된다는 것을 잘 알기 때문이다. 이대로 가면 큰 희망이 없음을 깨닫고 있기 때문이다. 그래서 퇴직 때에 이를수록 잠 못 이루는 날이 많아진다.

퇴직을 앞둔 사람들의 걱정은 극에 달한다. 평균수명이 늘어나 고 고령화 시대가 왔다고 하지만 전혀 반갑지 않다. 퇴직 이후의 뾰족한 대책이 없는데 뭐가 반가운가? 일찌감치 연금 계획을 실천 하여 노후가 보장되는 사람을 제외하고 노후가 안심되는 사람이 몇이나 될까? 과연 무엇을 하면서 퇴직 후 30년 내외의 세월을 활 기차게 살 것인지를 생각하면 막막한 경우도 많다. "퇴직하면 그동 안 고생했으니 푹 쉬겠다."라고 큰소리쳐보지만 속은 그게 아니다. 잠을 설칠 수밖에 없다.

잠 못 이루는 밤이 많아지고 고민과 방황이 심각하기에 여기저 기서 솔깃한 충고들이 난무한다. 서점에 가보면 그 실상이 선명히 드러난다. 신문이나 TV, 심지어 광고를 봐도 그렇다. 어떤 것은 '위로'와 '격려'를 하고 어떤 것은 '치유(힐링)'를 한다. 처음에는 위로와 격려가 대세였다. "나이는 숫자에 불과하다." "60이면 신新중년이다."라며 위로하고 격려한다. 조급해하지 말고 천천히 가도 된다고도 조언한다. 어떤 이는 "꿈꿔라." "꿈은 이뤄진다." "긍정하라." "생생하게 상상하면 현실이 된다." "믿는 대로 된다." 심지어 "거울 앞에서 자신의 꿈을 외쳐보라."라며 세심히 충고해준다. 마치 주문 呪文 같기도 하다.

그러나 그러나 말이다. 위로와 격려가 문제를 해결해주는가? 정말로 위로가 되고 격려가 되고 치유가 됐는가? 아니, 위로되고 격려가 되고 치유가 됐다고 하더라도 중요한 것은 고민과 방황이 끝났는가 하는 것이다. 그래서 꿈이 이뤄졌는가? 대책이 섰는가? 그리하여 이제 맘 편히 잠을 이루는가?

문제가 심각한 까닭은 위로와 격려에는 한계가 있기 때문이다. 근본적으로 문제를 해결하는 게 아니라 마음을 다스리는 데 그치고 만다. 그런 것들은 마약과 같아서 일시적으로 고통을 잊게 하고 꿈이 이뤄질 것 같은 환상을 느끼게 하지만 곧 현실을 확인하게 됨으로써 문제를 더욱 극한상황으로 몰고 갈 수 있다. 마치 마약 주사를 맞으며 고통을 잊는 가운데 수술 시기를 놓쳐버린 환자처럼 되어 치명직 상태로 치닫게 될 것이다.

현실적 고민으로 잠 못 이루며 미래에 대한 불안으로 방황하는 사람에게 위로와 격려는 필요하다. 마음의 상처로 아파하는 이들을 어루만져 힐링해주는 일 역시 필요하다. 어려운 상황에서도 간절한 꿈과 목표를 갖게 하는 것은 분명 좋은 일이다. 그것을 부정하지 않는다. 꿈은 곧 소망이자 희망이니까. 그것들을 통해 힘과 용기를 얻어 앞으로 나아갈 수 있기 때문이다.

그러나 차가운 이성을 발동시켜 멈칫 돌아볼 필요가 있다. 과연 무엇이 우리의 꿈을 이루게 할지 현실 속에서 방법을 찾아야 한다. 꿈만 꿔서는 안 된다는 경고를 스스로 보내야 한다. 꿈과 현실의 괴리가 더 커지기 전에 말이다. 그러지 않으면 줄기차게 꿈속에서 헤맬 가능성이 높다. 줄곧 위로와 격려를 즐기게(?) 될지 모른다.

| 꿈이 있다면 판을 흔들어 자신을 막고 있는 벽을 깨부숴라

티나 실리그Tina Seelig의 저서 『스무 살에 알았더라면 좋았을 것들』에 '골드버그'라는 사람의 이야기가 나온다(누군가가 지어낸 이야기임이 틀림없지만).

부자가 되는 것이 유일한 꿈인 골드버그는 복권에 당첨되게 해달라고 간절히 기도한다. 부자의 꿈을 이루기 위해 몇 년 동안이나 간절히 염원한다. 그러나 소원은 끝내 이루어지지 않았다. 크게 실망한 골드버그가 신에게 투덜거린다.

"신이시여, 정말 너무하시는군요!"

그러자 갑자기 정적이 깨지며 신의 목소리가 들렸다.

"골드버그, 너야말로 너무하는구나. 적어도 복권은 산 다음에 기도해야지!"

통쾌한 반전이다. 꿈만 꾸어서는 이루어지지 않음을 재미있게 이야기하고 있다. 꿈을 이루고 싶으면 행동하라는 것이다. 즉 꿈을 이루게 하는 것은 '생각'이나 '기도'나 '간절함'이 아니라 '행동'이라는 말이다. 골드버그의 우화가 아니더라도 꿈만으로 꿈을 이룰 수 없음은 자명하다. 그것이 냉혹한 현실이다.

꿈은 행동으로 현실이 된다. "꿈은 이루어진다." "꿈꿔라, 그러면 된다." 그런 말들을 부적처럼 가슴에 새기는 사람이 있다면 이제는 스스로 꿈에서 깨어나 행동해야 한다. 결단해야 한다. 토마스 헉슬리Thomas Henry Huxley는 "인생의 목표 중에서 가장 중요한 것은 지식이 아니라 실천"이라고 했다. 아는 것이 힘이 아니라 실천하는 것이 힘이라는 말이다.

만약 당신이 원하는 곳의 취업을 꿈꾼다면, 만약 당신이 직장에서 더 나은 목표를 꿈꾸고 있다면, 만약 당신이 퇴직 이후의 더 보람찬 세상을 소망하고 있다면 정말이지 뭔가 일을 벌여야 한다. 꿈을 현실로 바꿔주는 것은 행동이고 실천이다. 탁월한 지식이 꿈을 이루게 하는 것은 아니다.

당신은 지금 어떤 상태인가? 그대, 아직도 꿈꾸고 있는 것은 아닌가? 막연히 뭔가 잘될 것이라 믿으며 시간을 낭비하고 있지는 않는가? 이대로는 안되겠다 싶은가? 미래가 답답하게 다가오는가? 꿈은 있지만 그냥 꿈으로 끝날 것 같은가? 이대로 가면 희망이 없다고 생각되는가? 변화가 절실한데 돌파구가 보이지 않는가? 뭔가 새로운 계기가 있었으면 좋겠는가? 신천지가 전개되기를 바라는가? 앞을 가로막는 거대한 벽을 느끼는가? 한계를 절감하는가? 어찌할 바를 모르겠는가?

꿈은 이루고 싶은데 벽을 느끼고 한계를 느낀다면, 변화를 모색하고 싶은데 돌파구가 보이지 않고 그래서 어떻게 해야 좋을지 모른다면 이제부터 '어떻게 해야 할지' 깊이 있게 점검해봐야 한다. 작전을 짜야 한다. 퇴직전략이 필요하다. 아니, 재직전략이 우선이다. 어떻게 퇴직할지보다 어떻게 지금의 직장에서 일할 것인지가 선결과제다.

미래가 답답하게 다가오는가? 이대로 가면 희망이 없다고 생각되는가? 변화가 절실한데 돌파구가 보이지 않는가? 그렇다면 판을 흔들어라. 판을 흔들어야 변화의 실마리가 생긴다. 정치판에서 흔히 이 '수법'을 잘 쓴다. 뭔가 의도대로 일이 풀리지 않으면 일단 판을 흔들어본다. 계산이 혼란스러우면 판을 흔든다. 막다른 골목에 몰리면 판을 흔든다. 그래서 앞을 가로막는 장벽을 일단 무너뜨리고 본다. 일단 판을 흔들어야 돌파구가 보이고 길이 나타나고 계산이 된다는 것이 정치 도사들의 경험적 지론이다.

세상사가 다 그렇다. 진정 변화된 새로운 삶을 희망한다면, 꿈을 이루고 싶다면, 지금까지의 길이 아닌 다른 길을 가야겠다면 과감하고 파격적으로 판을 흔들 필요가 있다. 벽을 깨고 허물기 위해 일단 판을 흔드는 것, 그것이 바로 결단이라는 이름의 퇴사 전략이다.

5
퇴사가 경쟁력이 되고
도약의 기회가 되게 하라

직장생활을 성실히 하는 것만큼 중요한 것이 바로 퇴사하는 방법이다. "끝이 좋아야 모든 게 좋다."라는 말도 있듯이 잘 퇴사하는 것도 중요하다. 퇴사의 순간은 단순히 직장을 떠나는 것 이상의 의미를 지닌다. 그것은 그동안 쌓아온 관계와 이미지를 마무리하는 과정이며 앞으로의 경력에 큰 영향을 미칠 수 있다. 그럼 어떻게 하면 잘 퇴사할 수 있을까? 어떻게 하면 깔끔한 마무리가 될 수 있을까?

잘 퇴사하기 위해서는 먼저 퇴사하는 이유와 시점을 명확히 해야 한다. 많은 사람이 퇴사를 결심하게 되는 이유는 다양하다. 직무 불만, 더 나은 기회, 개인적인 사정 등이 있을 수 있다. 중요한 것은 퇴사의 이유를 스스로 이해할 수 있어야 하며 그 결정이 감정적인 충동에 의한 것이 아니라 신중한 판단에 따른 것임을 확신하는 것이다. 빌 게이츠는 "변화는 피할 수 없지만 그것이 가져오는 기회는 스스로 만들어야 한다."라고 말했다. 새로운 기회를 찾기 위한 퇴사도 이와 같은 신중한 판단의 결과여야 한다. 아울러 퇴사 시점도 신중하게 선택해야 한다. 중요한 프로젝트가 진행 중이거나 회사의 중요한 이벤트가 예정되어 있을 때는 퇴사 시점을 조정하는 것이 좋다. 이렇게 함으로써 회사와 동료들에게 부담을 덜 주고 퇴사의 순간을 더욱 원만하게 만들 수 있다. 회사를 골탕 먹이듯이 아무 때고 떠나는 것이 아니라는 말씀이다.

자, 이제 퇴사하는 이유와 시점이 결정됐다. 그렇게 퇴사를 결정했다면 상사에게 통보하는 방법도 신경을 써야 할 부분이다. 퇴사 통보는 가능한 한 조용하고 신중하게 해야 한다. 많은 기업에서는 최소한 2주 전, 보통 1개월 전에는 퇴사를 통보하는 것이 예의로 여겨진다. 이 시점에 상사에게 직접 면담을 요청하여 자신의 결정을 설명하는 것이 좋다. 이메일이나 메시지로 통보하는 사람도 있는데 극히 잘못된 방식이다. 직접적인 대화를 통해 자신의 결정을 전달하는 것이 더 프로페셔널한 이미지를 남길 수 있다. 피터 드러커는 "효과적인 커뮤니케이션은 메시지를 전달하는 것뿐만이 아니라 상대방이 이해하고 받아들이도록 하는 것"이라고 했다. 퇴사를 통보할 때도 유효하다. 직접적인 대화를 통해 자신의 결정을 전달하는 것이 좋다.

| 충실한 인수인계와 작별 인사로 유종의 미를 거둬라

다음으로 신경 쓸 것은 후임자와의 인수인계다. 후임자가 결정되지 않았더라도 누구에겐가 업무를 충분히 인계하고 떠나야 한다. 남아 있는 팀원들과 회사에 대한 최소한의 예의이자 책임이다. 인수인계 과정에서 필요한 문서나 정보를 체계적으로 정리하고 후임자에게 충분한 시간을 가지고 업무를 설명해야 한다. 스티브 잡스는 "훌륭한 일을 하기 위해서는 당신이 하는 일을 사랑해야 한다."라고 했는데 퇴사하는 순간까지도 자기 일을 사랑하고 책임감을 느끼고 마무리하는 자세가 필요하다. 인수인계 과정에서는 단순히 업무의 내용을 전달하는 것뿐 아니라 업무의 맥락, 중요성, 그리고 주요 연락처와 자원을 함께 전달해야 한다. 이를 통해 후임자가 업무를 빠르게 파악하고 회사의 운영에 지장이 없도록 도와줄 수 있다.

이제 업무 인수인계가 끝났다면 동료들과 작별 인사를 할 차례다. 떠난다고 모든 게 끝나는 게 아니다. 함께 일했던 동료들과 좋은 관계를 유지하는 것은 앞으로의 경력에 큰 도움이 될 수 있다. 퇴사 전날이나 당일에 간단한 작별 파티나 점심 모임을 통해 동료들에게 감사의 인사를 전하는 것이 좋다. 동료들에게 당신이 얼마나 중요한 존재였는지를 상기시켜줄 뿐만 아니라 좋은 기억을 남겨줄 수 있다. "만남은 순간이지만 이별은 영원히 남는다."라는 말이 있다. 동료들과의 작별이 아름답게 기억될 수 있도록 노력해야 한다.

작별 인사에서는 그동안의 협력과 지원에 대해 감사의 마음을 표현하고 앞으로의 성공을 기원하는 메시지를 전달하는 것이 좋다. 또한 자신의 연락처를 공유하여 이후에도 연락을 유지할 수 있도록 하는 것도 중요하다. 정나미 떨어져서 퇴사하는데 이후의 연락까지 염두에 둬야 하냐고? 세상사란 그렇게 단순하지 않다. 언제 어디서 어떤 인연으로 또 연결될지 모르는 게 인생사다. 따라서 퇴사 후에도 회사와의 관계를 잘 유지하는 것이 중요하다. 퇴사 후에도 회사와 연락을 유지하고 필요할 때 도움을 줄 수 있는 자세를 가지는 것이 좋다. 이는 나중에 다시 그 회사로 돌아가고 싶을 때나 추천서가 필요할 때 큰 도움이 될 수 있다.

정나미 떨어져서 퇴사했는데 그 회사로 다시 돌아갈 경우가 있을까? 그래. 있다. 아니, 많다. 인크루트가 퇴사한 직장인을 상대로 설문조사를 했다. 그런데 '재입사에 관한 생각'이 있다고 긍정적으로 응답한 사람이 무려 67.9%나 됐다. 그렇다고 해서 언젠가 돌아갈지 모르기 때문에 잘하라는 말이 아니다. 예전 직장은 당신의 삶에서 매우 유용한 네트워크가 되기 때문이다. 에릭 슈미트는 "네트워크는 강력한 도구이다. 그것은 새로운 기회를 창출하고 미래의 가능성을 열어준다."라고 말했다. 퇴사 후에도 회사와 긍정적인 관계를 유지하는 것이 미래의 기회를 위해 중요하다.

퇴사 후에도 회사와의 관계를 유지하기 위해 정기적으로 연락을 주고받거나 회사의 중요한 행사에 초대받았을 때 참석하는 것이 좋다. 또한 퇴사 후에도 회사의 동료들과의 개인적인 관계를 유지하는 것도 중요하다.

마지막으로 퇴사의 순간을 긍정적으로 마무리하는 것이 필요하다. 퇴사할 때 회사나 동료에 대한 불만을 공개적으로 표현하는 것은 피해야 한다. 이는 당신의 이미지에 부정적인 영향을 미칠 수 있다. 대신 긍정적인 태도로 자신의 결정을 설명하고 회사와 동료들에게 감사의 마음을 전하는 것이 좋다. 긍정적인 태도로 퇴사의 순간을 마무리하는 것이 당신의 미래에 큰 영향을 미칠 것이다. 퇴사의 순간을 긍정적으로 마무리하기 위해서 그동안의 경험과 배움에 대해 감사의 마음을 표현하고 회사의 성공을 기원하는 메시지를 남기는 것이 좋다. 이를 통해 당신의 퇴사는 단순한 이별이 아니라 새로운 시작을 위한 아름다운 마무리가 될 수 있다.

자, 어떤가? '퇴사의 미학'은 단순히 직장을 떠나는 것이 아니라 그동안 쌓아온 관계와 이미지를 마무리하는 과정이다. 그리고 더 좋은 인상을 남기고 떠나는 것이다. "끝이 좋아야 모든 게 좋다."라는 말도 있듯이 이러한 과정을 통해 퇴사의 순간을 긍정적으로 마무리하면 미래의 경력에 큰 도움이 될 것이다. '퇴사의 미학'을 실천함으로써 당신은 더욱 성숙하고 프로페셔널한 직장인이 될 수 있을 것이다. 퇴사의 순간은 단순히 과거를 마무리하는 것이 아니라 새로운 기회를 향해 나아가는 시작점이라 할 수 있다. 퇴사의 순간을 아름답게 마무리함으로써 당신의 장래는 더욱 밝고 성공적으로 펼쳐질 것이다.

| 퇴사가 도약의 기회가 되게끔 하는 게 퇴사의 완성이다

직장을 떠난다는 것은 작은 불안과 두려움을 동반하는 인생의 중요한 전환점이다. 정년퇴직은 말할 것도 없고 자발적인 퇴사라 하더라도 미래에 대한 설렘과 기대와 함께 나름의 불안은 있을 것이다. 그러나 어떤 경우이든 퇴사를 삶의 한 단계 도약하는 계기로 삼아야 한다. 그렇지 않다면 퇴사는 단순한 퇴사에 그칠 뿐 '퇴사 혁명'이 될 수 없다.

먼저 자발적인 조기퇴사를 살펴보자. 홧김에 준비 없이 퇴사하는 경우가 아니라면 자발적 조기퇴사는 전직이나 창업을 위한 상황이 대부분일 것이다. 이렇게 마음대로 더 나은 것을 예상하고 직장을 떠나지만 새로운 일터로 진입이 반드시 삶의 도약으로 이어지는 것은 아니다. 처음에는 더 나은 조건과 환경을 기대하며 이직을 결심하지만 실제로 새로운 직장에서 경험은 다를 수 있다. 새로운 직장에서 기대했던 것만큼 자신의 위치를 확보할 수 있을지는 결국 자신의 노력과 태도에 달려 있다. 따라서 이직이 진정한 도약의 기회가 되기 위해서는 단순히 더 나은 조건을 찾는 것에 그치지 않고 새로운 환경에서 어떻게 일하고 처신하느냐가 중요하다.

이직을 도약의 기회로 만들기 위해서는 먼저 지금까지 일해온 직장에서 경험을 냉정하게 돌아보는 과정이 필요하다. 자신이 과거에 어떤 성과를 냈는지, 어떤 실패를 겪었는지, 어떤 점에서 발전이 필요했는지를 분석해야 한다. 이를 통해 자신이 나아갈 방향을 설정하고 필요한 기술과 지식을 보완할 수 있다. 이와 같은 반성과 분석은 자신을 한 단계 끌어올리는 중요한 과정이며 새로운 직장에서 더 큰 성과를 낼 수 있는 준비가 된다.

퇴사를 결행하면서 퇴사가 단순히 현재의 불만족에서 비롯된 충동적인 결정이라면 그 결과는 만족스럽지 않을 수 있다. 따라서 자신이 진정으로 원하는 것이 무엇이고 어떤 방향으로 나아가고 싶은지를 명확히 해야 한다. 이 과정에서 현재 직장에서의 경험과 기술을 어떻게 활용할 수 있을지, 또는 새로운 분야로 전환하는 데 필요한 준비가 무엇인지 철저히 분석해야 한다. 자기 자신에 대한 깊은 이해와 목표 설정은 퇴사를 도약의 기회로 만드는 첫걸음이다.

이를 위해서는 자신이 지금까지 쌓아온 경력과 스킬셋을 철저히 검토할 필요가 있다. 직장에서의 성과와 실패 그리고 자신이 즐겼던 업무와 피하고 싶었던 업무를 분석해보는 것이 중요하다. 자신이 진정으로 열정을 가지고 있는 분야와 그렇지 않은 분야를 명확히 할 수 있다. 이러한 자기 분석은 향후 커리어를 설계하는 데 큰 도움이 된다.

또한 장기적인 목표 설정도 필수적이다. 단기적인 직장 이동이 아닌 자신의 커리어 전체를 바라보는 시각을 가져야 한다. 예를 들어 5년 후와 10년 후의 자신을 상상하며 그때 어떤 위치에 있고 싶은지, 어떤 일을 하고 싶은지를 구체적으로 생각해보자. 이러한 목표는 퇴사 후의 방향성을 잡는 데 중요한 나침반 역할을 할 뿐 아니라 퇴사가 진정한 도약의 기회가 되게 하는 것이다.

다음은 정년퇴직의 경우다. 정년퇴직은 많은 사람에게 아쉬움과 미래에 대한 불안을 안겨준다. 과거를 돌아보며 그리움을 느끼는 것도 자연스러운 일이다. 그러나 정년퇴직은 하기에 따라 인생의 새로운 도약의 기회가 될 수 있다. 먼저 정년퇴직을 지금까지의 삶을 돌아보고 반성할 소중한 기회로 삼아야 한다. 직장생활 동안 바쁘게 살아오느라 자신을 돌아볼 시간이 없었다면 이제는 시간을 갖고 자신의 삶을 성찰할 수 있다. 지난 수십 년간 어떤 성취를 이뤘는지, 어떤 실패를 겪었는지, 그 과정에서 무엇을 배웠는지 등을 깊이 있게 돌아보는 것이 중요하다. 이러한 성찰은 앞으로의 삶을 더 의미 있고 충실하게 설계하고 도약하는 데 큰 도움이 된다. 또한 과거의 경험을 통해 얻은 지혜를 바탕으로 앞으로의 목표와 방향을 설정할 수 있다.

한편으로는 욕심과 기대를 낮추는 것도 지혜로운 방법이다. 정년퇴직 후에는 소득이 줄어드는 것이 일반적이다. 그러나 이를 부정적으로만 볼 필요는 없다. 소득이 줄어들더라도 삶의 질을 높이는 방법은 많다. 욕심과 기대를 낮춰서 더 이상 높은 수입을 추구하기보다는 소박하고 단순한 삶을 통해 만족과 행복을 찾는 것이 필요하다. 생활비를 절약하고 불필요한 소비를 줄이며 자족하는 삶을 추구하는 것이 좋다. 경제적인 부담을 줄이고 정신적인 여유를 찾을 수 있다.

또 하나는 일과 삶의 균형인 워라밸을 이루는 것이다. 직장생활 동안에는 일에 매몰돼 가족이나 친구와의 시간을 충분히 갖지 못했을 수 있다. 이제는 이러한 균형을 되찾을 기회이다. 가족과 더 많은 시간을 보내고 친구들과의 관계를 회복하며 자신에게 소중한 사람들과의 시간을 늘려야 한다. 또한 자신을 위한 시간을 충분히 갖는 것도 중요하다. 독서, 여행, 운동 등 자신이 즐기는 활동을 통해 삶의 활력을 되찾을 수 있다.

정년이 주는 도약의 내용은 행복감을 향상하는 데에서도 찾을 수도 있다. 정년퇴직 후에는 자신의 행복감을 향상하는 것이 중요한 목표 중 하나이다. 행복은 외부 조건에 달린 것이 아니라 자기 내면에서 찾아야 한다. 그러기 위해서는 감사하는 마음을 가지는 것이 필요하다. 작은 일상에서 감사할 것들을 찾아내고 그것에 감사하는 습관을 들이는 것이 좋다. 또한 긍정적인 생각을 유지하고 부정적인 감정에 휘둘리지 않도록 노력해야 한다. 명상이나 요가와 같은 마음을 다스리는 활동을 통해 정신적인 안정을 찾는 것도 도움이 된다.

마지막으로 정년퇴직 후에는 평생 하고 싶었던 일에 도전함으로써 진정한 도약을 이룰 수 있을 것이다. 직장생활 동안에는 시간과 여건이 맞지 않아 하지 못했던 일들을 시도할 수 있다. 새로운 취미를 개발하거나, 여행을 떠나거나, 창업하거나, 봉사활동에 참여하는 등 다양한 활동을 통해 새로운 도전을 할 수 있다. 이는 삶에 새로운 활력을 불어넣고 자기 만족감을 높이는 데 큰 도움이 된다. 또한 이러한 도전을 통해 새로운 사람들과의 만남과 경험을 쌓을 수 있다.

예를 들어 평소 예술에 관심이 있었다면 그림을 그리거나 음악을 배우는 것에 도전해볼 수 있다. 이는 단순한 취미 이상의 의미가 있으며 자신을 표현하고 성취감을 느낄 기회가 된다. 또한 여행을 통해 새로운 문화를 경험하고 세상을 넓게 보는 시각을 가질 수 있다. 창업을 통해 자기 아이디어를 실현하고 새로운 경력을 쌓는 것도 좋은 방법이다. 봉사활동을 통해 사회에 기여하고 다른 사람들을 돕는 것은 큰 보람을 느낄 수 있는 일이다.

우리는 퇴사라는 전환점을 어떻게 하여 삶에서 도약할 수 있는 계기로 삼을 것인지를 깊이 생각해야 한다. 그것이야말로 퇴사혁명의 핵심이라 할 수 있다. 이를 위해 지금의 자신을 냉정히 분석해보는 일이 선행되어야 할 것이며 앞으로 어떤 삶을 살 것인지 명확하게 그림을 그려야 한다. 그리고 옹골찬 결심과 실천으로 그 길을 향해서 전진하면 된다. 퇴사 이후의 도약을 이루는 것, 그것이 퇴사혁명의 목표다.

6
퇴사하더라도 꾸준한 노력을 통해
재능을 만들어라

요즘 여러 기업으로부터 정년퇴직 예정자에 대해 강의해달라는 요청을 많이 받는다. 퇴직을 얼마 남기지 않은 사람들에게 어떻게 해야 깔끔한 마무리를 하고 퇴직 후에도 보람 있는 삶을 영위할 것인지, 그것에 대해 강의해달라는 것이다. 퇴직한 이후에도 그들이 잘 살아야 회사에도 도움이 되고 마음이 편할 것이다. 나에게 그런 강의 요청을 하는 이유는 내가 대여섯 번 정도 직장을 바꾸며 계속 퇴직을 하면서도 끊임없이 직업을 창출하며 나름대로 일거리를 갖고 있기 때문인 것 같다.

정년퇴직자에 대해 교육하면서 새삼 퇴직의 심각성을 깨닫게 됐다. 20세 때부터 일을 하기 시작해서 60세에 정년퇴직을 한다면 연간 노동시간을 2,000시간으로 계산했을 경우 총 8만 시간이 된다.

그런데 정년 이후에 체력이 어느 정도 유지되는 80세까지만 계산을 해도 그 여유시간이 8만 시간이 넘는다(전문가들은 이 경우에 1일 11시간으로 계산했다). 즉 퇴직하고도 직장생활을 했던 것만큼의 시간을 보내야 한다는 '현실'에 직면한다. 따라서 샐러리맨으로 직장생활을 하는 사람이라면 퇴직 준비를 심각하게 고려해야 한다.

퇴직 준비와 노후 준비는 젊은 시절부터 해야 한다. 어찌 보면 그것은 평생의 과제이다. 그렇다고 해서 새파랗게 젊은 20대의 신입사원이 현직의 업무를 소홀히 하면서까지 노후 문제에 매달리라는 게 아니다. 퇴직 준비를 하려면 으레 회사를 그만둘 준비를 하라는 것으로 받아들이는데 그런 것이 아니다. 거꾸로 지금의 직장과 일에 더 충실해야 한다. 그래야 훗날이 편안하다.

본업으로서의 잡job에 충실하면서 그것에서부터 훗날에 대비하는 라이프워크Life work를 만들어야 한다. 그것을 꼭 '퇴직 준비'라는 개념으로 접근할 게 아니라 하나의 생활패턴으로 일상화하고 습관화해야 한다. 인생의 활기찬 연속을 위한 대비라고 하는 게 옳다. 평생의 보험을 든다는 차원에서라도 준비를 착실히 하면서 살아가야 한다. 경제적 자립을 위한 재財테크와 더불어서 말이다.

자, 이쯤에서 당신에게 질문하겠다. 당신의 나이가 어떻든 간에 지금 당장 퇴직을 하게 된다면 무슨 일을 하면서 살겠는가? 그건 퇴직하고 나서 좀 쉬면서 생각한다고? 그러면 늦는다. 그것은 여유 있는 자세가 아니라 망하는 자세이다. 무엇을 할 것인지 젊은 날부터 밑그림이 그려져 있어야 한다. 저 질문에 대한 답을 갖고 있어

야 한다. 아직 없다면 인생을 낭비하지 말고 하루라도 빨리 만들어
야 한다.

| 재능을 개발하는 재ォ테크를 하면 퇴사 후가 보장된다

인생을 낭비하는 데는 두 가지 유형이 있다. 아무것도 안 하고
세월을 보낸 유형과 뭔가 하긴 했는데 쓸데없는 것으로 세월을 소
비한 유형이다. 대부분 직장인이 후자에 속한다. 10년 이상을 분명
히 열심히 일했는데 돌아보면 남는 게 없다. 3년이면 '서당 개가 풍
월을 읊고 성당 개가 복음을 전한다.'라는 말이 있을 정도인데 10
년을 일하고도 '풍월을 읊고 복음을 전할 만한' 특출한 재주를 만
들지 못했다면 별 볼 일 없이 직장생활을 했다고 핀잔을 들어도 할
말이 없다. 그런 재주도 만들지 못했으면서 막연히 "나는 인생에
후회 없다." "나는 뭐든지 잘할 수 있다."라고 큰소리친다면 그건 헛
소리거나 악다구니, 아니면 근거 없는 자기위안에 불과하다.

한 번쯤 종이를 꺼내놓고 당신이 지금껏 살아오면서 무엇을 했
는지, 얻은 것은 무엇이며 잃은 것은 무엇인지, 남보다 잘할 수 있
는 것은 무엇인지, 지금 가지고 있는 재능 중에 퇴직 이후까지 써
먹을 수 있는 재능은 무엇인지 적어보기를 바란다. 냉정한 마음으
로 인생의 중간결산을 해볼 필요가 있다. 그래야 지금이라도 어떻
게 일할 것인지, 무엇으로 자기계발을 할 것인지, 앞으로 인생을

어떻게 디자인할 것인지 구상이 떠오르게 된다.

나는 이것을 재산을 관리하는 '재財테크'에 빗대어 '재才테크'라고 말한다. '재주·재능'을 관리한다는 의미이다. 나의 재才테크 역사는 복잡하다. 적지 않은 시행착오를 겪으며 지금의 위치에 안착할 수 있었다. 나는 직장생활을 한 30여 년간 끈질기게 재才테크를 해왔다. 라이프워크를 만들어낸 것이다. 라이프워크란 원래 필생의 사업을 일컫는 말로 인생을 바쳐서 하고 싶은 일과 자신의 일생을 걸고 좋는 테마를 말한다. 그러나 그렇게 거창하게 정의할 필요는 없다. 쉽게 말해서 당신이 하고 싶고 잘할 수 있고 항상 하고 싶고 그 일을 하는 동안은 행복하다면 그것이 바로 라이프워크이다.

그 일을 찾아내고 꾸준히 재才테크하기 바란다. 라이프워크가 있는 사람은 행복하다. 특히 퇴직을 넘어 은퇴하고 난 후에는 돈이 있어야 하는 것 못지않게 '할 일'이 중요하다. 그런 면에서 라이프워크의 개발은 필수적이다. 훗날에 후회하지 않으려면, 아니 훗날이 아니라 지금의 직장생활이 불안하지 않으려면 철저하게 재才테크하기를 권한다. 가장 좋은 재才테크는 지금 당신이 하는 그 일에서부터 노후가 보장되는 특별한 지식과 기술을 연마하는 것이다.

그러나 불행하게도 직장인의 일이 퇴직 이후에도 생업이 될 수 있는 아이템은 흔치 않다. 한번 곰곰이 생각해보라. 당신이 지금 하는 일에서 '달인'이 된다면 그 지식과 재능으로 퇴직은 물론 노후까지 보장될 수 있는지를. 만약 그것이 가능하다면 좌면우고할 것 없다. 그 일에 승부를 걸어야 한다. 그런 사람은 매우 행복한 사람이다.

그러나 대부분의 경우 지금 하는 일이 퇴직 후의 생활을 보장하지 못한다. 그렇다면 당연히 어떤 재주를 계발해놓아야 한다. 그것이 바로 재ォ테크가 된다.

| 재ォ테크할 때는 가족을 도외시해서는 안 된다

'라이프워크'를 만들거나 재ォ테크를 할 때 한 가지 유념할 것이 있다. 흔히들 "당신이 절실히 하고 싶은 일을 하라. 미치도록 하고 싶은 일을 하라."라고 권고한다. 그렇게 하는 것이 곧 성공이라고까지 말한다. 자기계발이나 성공학에 관련된 거의 모든 책이 그렇게 말한다. 말은 그럴듯하다. 멋지게 들린다. 자기가 좋아하는 일에 몰입하여 빙긋이 미소 짓는 모습은 상상만 해도 '로망'이 된다. 그러나 그것에는 결정적 조건이 있다. 가족을 고려해야 한다는 사실이다.

사진작가로 유명한 분이 있다. 그는 어느 날 운명처럼 사진과 만났다. 그것에 푹 빠져들었다. 미치도록 하고 싶은 일을 만났다. 필생의 업으로 생각했다. 라이프워크를 만든 셈이다. 그리고 사진에 관해서는 달인의 수준에 도달했다. 사진으로부터 돈도 생긴다. 셔터를 누를 힘만 있으면 노후가 걱정 없다. 어떤가? 정말 제대로 재ォ테크를 한 셈이라 할 것이다. 그런데 결정적인 문제가 있다. '절

실히 하고 싶은 일' '미치도록 하고 싶은 일'은 충족됐을지 몰라도 가족과는 전혀 다른 세계를 헤매고 있다는 사실이다. 사진 촬영을 위해 세계 곳곳을 누비게 되니까 가정은 거의 '나 몰라라' 수준이다. 돈만 벌어다 준다고 '가장'이 되는 건 아니지 않은가?

재ォ테크이든 라이프워크이든 가족을 도외시한 것이라면 의미가 없다. 그 라이프워크로 인하여 가족, 특히 부부가 갈등을 느껴야 하는 것이라면 그것은 '라이프워크Life work'가 아니라 '데스워크Death work'이다. 아무쪼록 멋진 라이프워크를 발견하고 다부지게 재ォ테크를 하기 바란다. 퇴직이 오히려 기다려질 정도로 말이다.

7
건재관일족 5대 과제를 통해
은퇴경쟁력을 갖춰라

 직장인으로서 퇴사하고 또다시 직장을 이직할 수 있으려면 '이 직경쟁력'이 있어야 한다고 이미 말했다. 자신이 원한다면 아무 때고 다른 직장으로 옮길 수 있는 능력, 즉 이직경쟁력을 갖추는 것이 자기계발의 목적이라고 앞에서 언급했다. 그러나 만약 정년을 채우고 퇴직하는 사람으로서 은퇴를 맞이하는 사람이라면 같은 차원에서 경쟁력을 갖춰야 한다. 이것을 이직경쟁력과 구분하여 '은 퇴경쟁력'이라 한다. 즉 은퇴 준비를 어느 정도 했느냐의 지표가 되는 것이 은퇴경쟁력이다.

| 은퇴경쟁력 건재관일족을 갖추면 노년이 행복하다

은퇴 준비는 빠르면 빠를수록 좋다. 완벽한 은퇴 준비가 일찍 되어 있을수록 안정적인 노후가 기다리고 있음은 말할 것도 없다. 노후가 안정적이라는 것은 자기가 하고 싶은 일을 소신껏 멋지게 할 수 있다는 의미가 된다. 그것이야말로 노후의 로망이자 직장인의 간절한 희망 사항이다.

은퇴경쟁력을 키우기 위해 해야 할 일과 분야는 다양하다. 찾으려고 들면 한없이 많을 것이다. 그러나 은퇴와 노후를 생각한다면 크게 5가지가 핵심적인 대상이 될 것이다. 은퇴 문제를 다루는 사람마다 주장이 조금씩 다르지만 대개가 5가지를 꼽는다는 공통점이 있다. 어떤 이는 혼자 살기, 일, 여행, 텃밭 등 좀 더 여유로운 삶에 초점을 두는가 하면 어떤 이는 경력, 변화관리, 재무, 네트워킹 등에 방점을 둔다. 또 어떤 이는 5가지 중에 '마누라'를 핵심적인 것으로 꼽아서 남성들의 애처로움을 가중하기도 한다.

나는 '건재관일족'을 5대 과제로 꼽는다. '관일족'이 '건재'하다는 의미로 암기하면 기억하기가 매우 쉬울 수 있다. 그래서 늘 입에 달고 살라고 그렇게 만들었다. 말장난하는 것 같지만 이거야말로 장난이 아니다. 매우 유용한 방법이며 내용을 알고 나면 그 5가지가 은퇴경쟁력의 핵심과제임을 알게 된다. 어쩌면 은퇴의 모든 것은 '건재관일족'에 있다고 해도 과언이 아니다. 그리고 더 중요한 사실은 이것이 꼭 은퇴한 사람에게만 필요한 것이 아니라는 점이다. 은퇴경쟁력은 젊은 날부터 키워야 해서 오히려 젊은 시절부터

이 5대 과제를 염두에 두고 생활해야 한다. 그것은 젊은 날의 경쟁력이 됨과 동시에 훗날의 은퇴경쟁력이 된다. 자, 그럼 '건재관일족'이 무엇인지 알아보자.

| 건강, 재물, 관계, 일, 가족에 집중해라

첫째는 건강이다.

건강의 중요성은 아무리 강조해도 지나치지 않다. 젊은 날에는 건강의 중요성을 크게 느끼지 못할 수 있지만 나이 들면 가장 큰 문제가 건강이다. 건강의 개인차는 엄청나다. 어떤 이는 60세의 나이에 70세 이상으로 쇠약한 모습을 보이는가 하면 50대의 팔팔함을 유지하기도 한다. 어느 쪽이 경쟁력이 있는지는 금방 판단이 설 것이다. 솔직히 노후에는 건강 하나만 확실히 보장돼도 어느 정도의 행복은 보장된다.

둘째는 재물이다.

이재관리에 관한 것이다. 건강하더라도 돈이 뒷받침되지 않으면 그 또한 불행한 노후가 될 수 있다. 어떻게 노후를 위해 돈을 모으고 모은 돈을 관리할 것인지는 특별한 공부가 필요하다. 보통 돈 관리에 대하여 자신이 잘하고 있는 것으로 아는데 착각이다. 나처럼 금융기관에서 30년을 보낸 사람도 증권사나 보험사 직원과 대화를 나눠보면 나의 무식함에 한탄이 나오곤 한다. 한 번쯤 동네의

공인중개사 사무소에 들러보라. 직장생활 30년을 하면서 얻은 지식보다 더 나은 재財테크 정보를 접하게 된다. 당신이 알지 못했던 다른 세상이 있음에 놀랄 것이다. 은퇴경쟁력 5대 테마 '건재관일족' 중에서 작심하고 공부해야 할 분야가 바로 이재관리이자 재테크임을 잊어서는 안 된다. 공부를 통하여 평생을 관통하는 자신의 재산관리계획을 수립해야 노후가 편안해진다.

셋째는 관계이다.

인간관계, 친교親交, 즉 네트워크를 말한다. 네트워크의 중요성에 대해서는 앞에서도 여러 번 강조했다. 노후는 노후know who에 크게 좌우된다. 어떤 사람들과 관계를 맺고 친교를 하는지에 따라 노후가 달라질 수 있다는 말이다. "부자가 되려면 부자와 어울려야 된다."라는 말도 있듯이 누구와 어울리느냐에 따라 은퇴경쟁력이 달라지고 노후의 품격이 달라짐은 당연하다. 노후의 일자리와 일거리는 네트워크에 의하여 발견되고 얻게 되는 수가 많다. 그런 의미에서 SNS를 하더라도 재미나 소일거리를 넘어 전략적으로 할 필요가 있다.

넷째는 '일'이다.

일자리와 일거리가 있느냐 없느냐에 따라 노후의 경쟁력이 달라짐은 물론이다. 물론 그냥 놀기로 작심한 사람이라면 '일'이 중요한 게 아니라고 할지 모르지만 그렇다고 빈둥빈둥 논다면 당연히 경쟁력이 없는 것이다. 일자리는 소득이 발생하는 것을 의미하며 일거리란 소득과는 관계없이 취미 및 여가 생활을 말한다. 노후에 일자리는 없더라도 일거리는 분명히 있어야 한다. 그러지 않으면 경쟁력이 없는 것이자 건강까지도 잃을 수 있다.

다섯째는 '족', 즉 가족을 말한다.

노후 생활의 행복은 가족의 관계가 절대적으로 좌우한다. 아무리 네트워크가 좋고 돈이 있어도 가족관계가 흐트러지면 끝장이다. 돈 많은 부자가 자식들과의 싸움으로 인하여, 또는 배우자와의 갈등 때문에 화목한 보통 사람의 삶보다 더 혼란스럽고 불행한 경우를 수시로 접하지 않는가? 특히 배우자가 있느냐 없느냐에 따라 노후는 달라지고 배우자가 있더라도 그 관계가 어느 수준이냐에 따라 또 달라진다. 좋은 배우자야말로 노후 삶의 행복을 좌우하는 최고의 은퇴경쟁력이 된다.

어떤가, '건재관일족'이. 단순하지만 노후를 의미 있고 보람되게 보내는 경쟁력의 핵심임을 알 수 있을 것이다. 당신의 '건재관일족'은 어느 수준인가. 냉정히 분석하고 판단해서 부족한 부분은 옹골찬 결심으로 채워야 한다. 그래야 노후가 행복하다. 아무쪼록 '관일족'이 되어 '건재'하길 응원한다. 건·재·관·일·족, 화이팅!

새로운 시작의 문을 열며

모든 일의 끝에는 새로운 시작이 있다. 이제 『퇴사혁명』의 일독을 마치며 그 마지막 장을 덮는 순간, 여러분은 새로운 가능성의 문 앞에 서 있는 것이다. 퇴사는 단순히 일을 그만두는 행위가 아니다. 그것은 자신을 다시 정의하고 새로운 길을 모색하며 더 나은 삶을 위한 도전을 시작하는 중요한 계기이다.

이 책을 통해 우리는 퇴사라는 두려운 결정을 어떻게 준비하고, 실행하고, 그리고 삶에서 어떤 의미가 있는지 등에 관해 깊이 탐구했다. 퇴사를 고민하는 동안 우리는 스스로 많은 질문을 던지고 진정 원하는 것이 무엇인지 탐색했다. 그리고 그 과정에서 우리는 자신을 더욱 잘 이해하게 됐고 앞으로 나아갈 방향을 명확히 설정할 수 있었다.

퇴사는 마치 새로운 여행을 떠나는 것과 같다. 여행을 준비할 때 우리는 목적지를 정하고, 필요한 물품을 챙기고, 예상치 못한 상황에 대비한다. 마찬가지로, 퇴사 후의 삶도 준비가 필요하다. 이 책에서 제시한 다양한 전략과 조언들이 여러분이 그 여정을 준비하는 데 있어 큰 도움이 되길 바란다.

물론 퇴사는 결코 쉬운 일이 아니다. 안정적인 직장을 떠나 새로운 길을 찾는 것은 많은 용기와 결단력이 필요하다. 때로는 두려움과 불안이 엄습할 수도 있다. 하지만 기억해야 할 것은 진정한 성장은 안전지대를 벗어날 때 이루어진다는 점이다. 우리는 불확실성과 맞서 싸우며 자신을 더 강하게 만들고 새로운 기회를 발견하게 된다.

이제 여러분은 이 책을 덮고 새로운 시작을 맞이할 준비가 됐다. 그것은 정말 퇴사일 수도 있고 아니면 지금의 직장에서 더욱 열심히 일하는 것일 수도 있다. 어떤 길을 선택하든 그 길이 여러분의 열정과 꿈을 실현하는 데 도움이 되길 바란다. 앞으로의 여정에서 마주할 도전과 어려움은 여러분을 더 단단하게 만들 것이며 결국에는 자신이 원하는 삶을 살아가는 힘을 줄 것이다.

마지막으로 이 책을 통해 여러분이 얻은 깨달음과 지혜를 바탕으로 용기 있게 한 걸음 내딛기를 바란다. 퇴사 후의 삶은 여러분이 어떻게 만들어가느냐에 따라 무한한 가능성을 지니고 있다. 그 가능성을 최대한으로 발휘하며 새로운 시작을 향해 힘차게 나아가길 진심으로 응원한다.

이제 당신의 '퇴사혁명'은 시작됐다.

퇴사혁명
퇴사준비생들을 위한 퇴사학개론

초판 1쇄 인쇄 2025년 1월 2일
초판 1쇄 발행 2025년 1월 9일

지은이 조관일
펴낸이 안현주

기획 류재운 **편집** 안선영 김재열 **브랜드마케팅** 이민규 **영업** 안현영
디자인 표지 정태성 본문 장덕종

펴낸 곳 클라우드나인   **출판등록** 2013년 12월 12일(제2013-101호)
주소 우) 03993 서울시 마포구 월드컵북로 4길 82(동교동) 신흥빌딩 3층
전화 02-332-8939 **팩스** 02-6008-8938
이메일 c9book@naver.com

값 19,000원
ISBN 979-11-94534-02-0 03320